高等职业教育"十三五"规范教材

Excel 在工程中的应用

张邻生　苏建林　主　编

赵　强　韩立杰　白红英　程　园　副主编

人民交通出版社股份有限公司
China Communications Press Co.,Ltd.

内 容 提 要

本书内容丰富,体系完整,具有很强的实用性。全书共分为5个模块,主要包括 Excel 基本应用概述、Excel 在公路施工放样中的应用、Excel 在试验数据处理中的应用、Excel 在道桥结构计算中的应用、Excel 在公路工程管理中的应用。为了便于学生在学习中更好地了解和掌握本书核心内容及指导工程实践,每个模块分为几个工作任务,每个任务包括任务告知、任务导入、技能训练、技能深化、技能归纳、考核评价、作业共七个部分。本书所编计算公式、程序等均在 Excel 2013 版本下实现。

本书可作为高等职业院校道路桥梁工程技术及相关专业教材,亦可供中等职业院校交通土建类专业师生及各类培训和从事公路施工、公路设计、试验检测、工程监理工作的工程技术人员参考。

图书在版编目(CIP)数据

Excel 在工程中的应用 / 张邰生,苏建林主编. —— 北京:人民交通出版社股份有限公司,2018.12
ISBN 978-7-114-15008-1

Ⅰ.①E… Ⅱ.①张… ②苏… Ⅲ.①表处理软件—应用—道路工程 Ⅳ.①U41-39

中国版本图书馆 CIP 数据核字(2018)第 213946 号

高等职业教育"十三五"规划教材

| 书　　名：Excel 在工程中的应用
| 著 作 者：张邰生　苏建林
| 责任编辑：任雪莲　周　凯
| 责任校对：刘　芹
| 责任印制：张　凯
| 出版发行：人民交通出版社股份有限公司
| 地　　址：(100011)北京市朝阳区安定门外外馆斜街3号
| 网　　址：http://www.ccpress.com.cn
| 销售电话：(010)59757973
| 总 经 销：人民交通出版社股份有限公司发行部
| 经　　销：各地新华书店
| 印　　刷：北京交通印务有限公司
| 开　　本：787×1092　1/16
| 印　　张：10.25
| 字　　数：262千
| 版　　次：2018年12月　第1版
| 印　　次：2021年1月　第2次印刷
| 书　　号：ISBN 978-7-114-15008-1
| 定　　价：36.00元

(有印刷、装订质量问题的图书由本公司负责调换)

前　言

"Excel 在工程中的应用"是高职高专院校道路桥梁工程技术专业的技能提高课程。本书根据应用技能型道路桥梁工程技术专业人才培养目标和教学实践,结合交通类职业教育的特色,以服务工作实际为原则,突出职业能力的培养;紧密追踪公路设计、施工、检测、试验技术的发展,紧贴现行有关标准规范编写而成;全书利用 Excel 2013 版本编写程序,对目前主流的操作系统适应性好。

本书在编写过程中,深入公路施工企业调研,开展校企合作职业岗位能力分析,以此确定 Excel 在工程中应用的培养目标。同时,本书紧密结合工程实际,加强能力训练和考核,注重学生未来的发展。

本书内容及推荐学时安排见下表。

模　块	内　容	学　时
1	Excel 应用概述	4
2	Excel 在公路施工放样中的应用	8
3	Excel 在试验数据处理中的应用	6
4	Excel 在道桥结构计算中的应用	6
5	Excel 在公路工程管理中的应用	6
总计		30

本书由河北交通职业技术学院张邰生、苏建林担任主编,云南交通职业技术学院赵强、河北交通职业技术学院韩立杰、鄂尔多斯应用技术学院白红英、河北省高速公路石安管理处程园担任副主编。具体编写分工如下:韩立杰编写模块一;苏建林和河北交通职业技术学院梁国新编写模块二;白红英编写模块三;张邰生、程园编写模块四;赵强编写模块五。全书由张邰生统稿,由河北省交通规划设计院教授级高工张国清主审。

本书在编写过程,得到了河北交通职业技术学院雷重熹、郭社军、郭志敏、郝士华;浙江大学王福建博士,东南大学博士生导师过秀成、倪富健;河北省交通规划设计院教授级高工张国清的指导和帮助,在此一并致以诚挚的谢意。

由于编者水平有限,编写时间仓促,书中难免存在疏漏之处,敬请读者批评指正。

编　者

2018 年 8 月

目 录

- 模块一 Excel 应用概述 ………………………………………………………… 001
  - 任务一 创建基本计算公式 …………………………………………………… 001
  - 任务二 自定义函数与 VBA 应用 …………………………………………… 011
- 模块二 Excel 在公路施工放样中的应用 ……………………………………… 020
  - 任务一 大地直角坐标转换成极坐标放样数据计算 ………………………… 021
  - 任务二 平曲线计算 …………………………………………………………… 029
  - 任务三 中线逐桩坐标计算 …………………………………………………… 043
  - 任务四 高程计算 ……………………………………………………………… 056
- 模块三 Excel 在试验数据处理中的应用 ……………………………………… 067
  - 任务一 Excel 压实度数据处理应用 ………………………………………… 067
  - 任务二 矿料级配曲线绘制 …………………………………………………… 077
  - 任务三 土的击实曲线绘制 …………………………………………………… 086
- 模块四 Excel 在道桥结构计算中的应用 ……………………………………… 096
  - 任务一 衡重式挡土墙计算 …………………………………………………… 097
  - 任务二 桥梁设计、施工计算 ………………………………………………… 105
  - 任务三 水泥混凝土路面厚度计算 …………………………………………… 115
- 模块五 Excel 在公路工程管理中的应用 ……………………………………… 124
  - 任务一 公路技术状况评定 …………………………………………………… 124
  - 任务二 直方图用于工程质量管理 …………………………………………… 135
  - 任务三 控制图法工程质量动态管理 ………………………………………… 143
- 附录 闭合曲线计算程序 ………………………………………………………… 154
- 参考文献 …………………………………………………………………………… 158

模块一 Excel 应用概述

【学习引导】

1. 技能目标

(1)掌握利用运算符、函数进行单个数据计算的基本操作方法;
(2)掌握规则批量数据的计算方法;
(3)掌握数据计算精度控制方法;
(4)掌握附合导线的 Excel 公式计算方法;
(5)掌握闭合导线的 Excel VBA 程序使用方法;
(6)掌握自定义函数的使用方法。

2. 主要内容

模块 1 的主要内容结构,如图 1-0-1 所示。

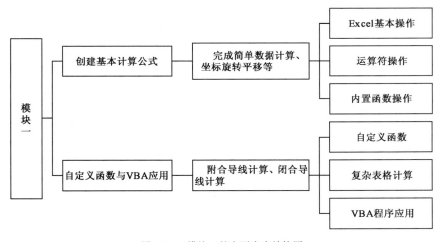

图 1-0-1 模块一的主要内容结构图

任务一 创建基本计算公式

一、任务告知

1. 任务描述

针对 Excel 初学者的需要,以单个数据计算、规则批量数据的计算为例,引入 Excel 计算技术,以提高计算效率,完成日常计算工作,从而为后续的专业计算提供必要的基础。

2.教学目标

通过本任务的学习,应达到以下要求:

(1)掌握利用运算符、函数进行单个数据计算的基本操作方法;

(2)掌握规则批量数据的计算方法;

(3)掌握数据计算精度控制方法。

3.内容结构

本任务的内容结构,如图1-1-1所示。

图1-1-1　内容结构

二、任务导入

Excel是Office软件包中的表格处理软件,通常称为电子表格处理,顾名思义就是可以对表格中的数据进行行之有效的处理。Excel能够动态地处理需要的数据,帮助我们对数据进行计算和分析。

1. Excel的基本情况

中文版Office 2013软件包中提供了一个名为Excel 2013的软件,这是一个用于建立与使用电子报表的实用程序,也是一种数据库软件,用于按表格的形式来应用数据记录。专业数据库管理系统软件Visual FoxPro也能建立电子报表,但中文版Excel 2013是一个电子报表的专业软件,也常用于处理大量的数据信息,特别适用于数字统计,而且能快速制定出表格。

中文版Excel 2013(以下简称Excel,特别注明版本者除外)是中文版Microsoft Office 2013软件包的组成部分。按启动Windows应用的方法运行后,计算机屏幕上就会显示其操作窗口,并且打开一张名为"工作簿1"的电子报表,但没有任何内容,而是一个等待被建立的文件。

注意:"工作簿"在Excel中是处理和存储数据的文件,每一个工作簿都可以包含多张工作表,因此可在一份文件中管理多种类型的相关信息;"工作表"就是显示在屏幕上的,由表格组成的一个区域,如图1-1-2所示。此区域称为"工作表区",各种数据将通过它来输入、显示。

Excel也使用"字段""记录"等Visual FoxPro中的对象,但应用方法却大不一样。下面以建立一张员工工资表的操作来说明。

步骤一:在图1-1-2中,单击A1单元格。

Excel操作窗口仍然由标题栏、下拉菜单、工具栏、状态栏等组成。位于工具栏下方的就是建立电子表格的"工作表区",它提供了一系列的单元格,每个单元格各有一个名称,将光标移至单元格内后,其状态将变成一个十字形,如图1-1-2所示。工具栏下方标记的A、B、C、D…分别用于标明表格中的各列,表格左边缘的数字则标明各行,"列标"与"行号"用于确定一个单元格的位置,如 A1 表示 A 列中的第 1 行单元格,C3 就表示 C 列中的第 3 行单元格。在 Excel 的操作窗口中,所提供的单元格数目非常大,但全部被应用的情况即少,通常只用到其中的一部分,甚至只是一小部分。

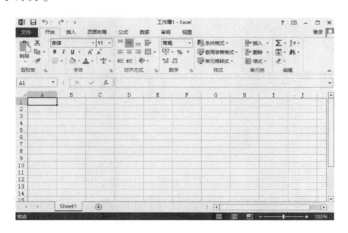

图 1-1-2　进入中文版 Excel 的操作窗口

注意:"工作表区"由工作表及其单元格、网格线、列标、行号、滚动条和工作表标签构成。"列标"就是各列上方的灰色字母,"行号"就是位于各行左侧的灰色编号区。

步骤二:输入"姓名",如图 1-1-3a)、b)所示。在电子表格中,"列"与数据库中的"字段"相当,"行"与"记录"相当,这里输入的"姓名"将成为一个新的字段。

a)单击A1单元格　　　　　　　　　　b)输入"姓名"

图 1-1-3　步骤二图示

步骤三:按一下键盘上的向右方向键,然后输入"年龄",接着在位于 B 右边的两列中分别输入"职务"和"工资额",如图 1-1-4 所示。

使用键盘上的左、右、上、下方向键可以将光标移至各单元格上,选定当前单元格,就可以在各单元格中输入文字信息。

步骤四:如图 1-1-5 所示,移动鼠标单击 A2 单元格,然后参照上面的方法,输入其他相关内容。

图 1-1-4　输入"职务"和"工资额"　　　　　图 1-1-5　单击 A2 单元格

2. 运算符

公式用于按特定次序计算数值,通常以等号(＝)开始,位于等号之后的就是组成公式的各种字符。其中,紧随在等号之后的是需要进行计算的元素——操作数,各操作数之间以算术运算符来分隔。

运算符是指用于指明对公式中的元素做计算的符号,如加法、减法或乘法运算。Excel 中的运算符有四种类型:算术运算符、比较运算符、文本运算符和引用运算符,它们的功能与组成如表 1-1-1 所示。

运　算　符　　　　　　　　　　　　　　　　　表 1-1-1

类　型	运　算　符	含　义	示　例
算术运算符	+(加号)	加法	3＋3
	－(减号)	减法	3－1
	*(星号)	乘法	3＊3
	/(正斜杠)	除法	3/3
	%(百分号)	百分比	20%
	^(脱字号)	乘方	3^2
比较运算符	＝(等号)	等于	A1＝B1
	＞(大于号)	大于	A1＞B1
	＜(小于号)	小于	A1＜B1
	＞＝(大于或等于号)	大于或等于	A1＞＝B1
	＜＝(小于或等于号)	小于或等于	A1＜＝B1
	＜＞(不等号)	不等于	A1＜＞B1
文本运算符	&(与号)	将两个文本值连接或串起来产生一个连续的文本值	("North"&"wind")
引用运算符	:(冒号)	区域运算符,生成对两个引用之间的所有单元格的引用,包括这两个引用	B5:B15
	,(逗号)	联合运算符,将多个引用合并为一个引用	SUM(B5:B15,D5:D15)
	(空格)	交叉运算符,生成对两个引用共同的单元格的引用	B7:D7 C6:C8

3. 内置函数

Excel 函数分为财务、日期与时间、数学与三角函数、统计、查找与引用、数据库、文本、逻辑、信息、工程、多维数据集、兼容性、web 共 13 种。考虑到公路工程的计算特点，仅介绍表 1-1-2 中的几个函数。

函数分类归纳表　　　　　　　　　　　　　　　　　　表 1-1-2

函数分类	函数表达式	函数名称或作用	自变量单位	函数单位
三角函数	Sin(number)	正弦函数	Rad	无
	Cos(number)	余弦函数	Rad	无
	Tan(number)	正切函数	Rad	无
	Sec(number)	正割函数	Rad	无
	Atan(number)	反正切函数	无	Rad
数学函数	Abs	绝对值		
	Exp	指数函数		
	Fact	阶乘		
	Ln	自然对数		
	Log	对数		
	Log10	以 10 为底的对数		
	Mod	两数相除余数		
	Quotient(number, denominator)	返回除数的整数部分		
	Sign	符号函数，正数值为 1，负数为 -1，为零取 0		
	Sqrt	平方根函数		
	Sum	求和函数		
截位函数	INT	向下取整		
	RounD	按指定位数四舍五入		
常数	PI	3.14159265358979		
单位转化函数	Degrees(angle)	弧度到度		
	Radians(angle)	度到弧度		
统计函数	Average(number1,number2,…)	计算平均值		
	Stdev.s(number1,number2,…)	标准差		
	Max(number1,number2,…)	求最大值		
	Min(number1,number2,…)	求最小值		
逻辑函数	If(logical_text, value_if_true, value_if_false)	判断 logical_text 值为真(true)返回第一个值(value_if_true)，否则返回第二个值(value_if_false)		
	And(logical1,logical2,…)	检查是否所有参数均为 true，如果所有参数均为 true，则返回 true		
	OR(logical1,logical2,…)	检查任一参数值为 true 即返回 true；只有当所有参数值均为 false，才返回 false		

4．新的任务

利用上述介绍的运算符、函数完成一般计算。

三、技能操练

1．规则批量数据的计算

下面为某公司的经营情况创建一张电子报表，并使用计算公式做统计，请先按下列步骤进行操作。

步骤一：单击屏幕左下角处的⊕两次，看到Sheet3标签，然后在A1单元格中开始书写"某公司本月收支一览表"字样，并设置好字体与字号（即字的大小），如图1-1-6所示。

步骤二：在B2、C2、D2单元格中分别输入"收入/月""支出/天""盈利"栏目名称，然后分别在A3、A4、A5、A6单元格中输入"第一营业部""第二营业部""第三营业部""总结余"项目名，如图1-1-7所示。

图1-1-6　输入新的报表标题　　　　　　图1-1-7　输入列、行栏目与标题名

注意：若输入的文字不能被当前单元格完全容纳时，Excel会自动占用邻近的单元格。书写完毕后，通过设置较小字号，或者扩大单元格的方法，就可以使文字在单元格中完整地显示。

步骤三：选定A列与B列中的所有栏，并设置较小的字号（或修改列宽），以便使文字在单元格中完整地显示，如图1-1-8所示。所要填入的数据资料，见表1-1-3。

图1-1-8　适当调整文字字号

数据资料　　表1-1-3

项　　目	收入/月	支出/天
第一营业部	8000000	50000
第二营业部	7000000	30000
第三营业部	0	70000

这些数据可以按前面所述的方法直接在表中输入，如图1-1-9所示。

下面将创建一些公式来自动生成"盈利"与"总结余"栏中的数据，此后只要公式有变动，单元格里的内容也会自动产生变化。

步骤四:单击 D3 单元格,选定后单击编辑框,输入" = B3 – C3 + 30"。

注意:公式应以等号开头,公式内容紧接其后。如果输入了一个错误的公式,按 Enter 键后,屏幕上将显示一条出错信息,并询问处理方式,选择是否通过一个向导来处理问题。只有输入正确的公式,单元格中才会显示相应的数字,如图 1-1-9 所示。

步骤五:计算数值。

选定 D4 单元格后,在编辑栏中输入公式" = B4 – C4 * 30"。

选定 D5 单元格后,在编辑栏中输入公式" = B5 – C5 * 30"。

此后,各营业部的盈利数字就会自动计算并显示出来,如图 1-1-10 所示。对于多行数据有更高效的方法,详见"技能深化"部分。

图 1-1-9 显示第一营业部的盈利值

步骤六:选定 D6 单元格,并在编辑栏中输入公式" = D3 + D4 + D5"。

上述操作完成后,一张电子报表就制作好了,见图 1-1-11。此表的最大特点是可以在变更收入/支出数据后,自动更新"盈利"与"总结余"单元格中的数值。

图 1-1-10 自动计算并显示各营业部的盈利值

图 1-1-11 自动计算并显示"总结余"

2. 利用运算符、函数进行单个数据计算的基本操作

(1) 运算符

坐标平移的变换公式:

$$\begin{cases} x = x_0 + x' \\ y = y_0 + y' \end{cases} \tag{1-1-1}$$

式中:x、y——原坐标系 Oxy 中的坐标;

x'、y'——新坐标系 $O'x'y'$ 中的坐标;

x_0、y_0——O' 在原坐标系 Oxy 中的坐标。

式(1-1-1)中的计算主要用到了加法运算符,相对简单。

(2) 函数

坐标旋转的变换公式:

$$\begin{cases} x = x' \cdot \cos\theta - y' \cdot \sin\theta \\ y = x' \cdot \sin\theta + y' \cdot \cos\theta \end{cases} \tag{1-1-2}$$

式中：x、y——原坐标系 Oxy 中的坐标；

x'、y'——新坐标系 $Ox'y'$ 中的坐标；

θ——x 轴正方向绕 O 点转到 x' 正方向的角度（数学坐标系为逆时针方向，大地坐标系为顺时针方向）。

式(1-1-2)中用到了加法、乘法运算符以及正弦、余弦函数和角度转换函数（度变成弧度）。

(3)坐标的旋转平移

坐标旋转、平移的变换公式：

$$\begin{cases} x = x_0 + (x' \cdot \cos\theta - y' \cdot \sin\theta) \\ y = y_0 + (x' \cdot \sin\theta + y' \cdot \cos\theta) \end{cases} \tag{1-1-3}$$

式(1-1-3)中，先旋转 θ 后平移(x_0,y_0)，这个次序不允许改变。

式(1-1-3)中同样用到了加法、减法、乘法运算符和正弦、余弦函数。为了提高计算的适应性，使用 Excel 编制公式的直接采用公式(1-1-3)就可以完成工作。

具体操作步骤如下。

步骤一：如图 1-1-12 所示，在右侧插入数学公式，起提示作用。

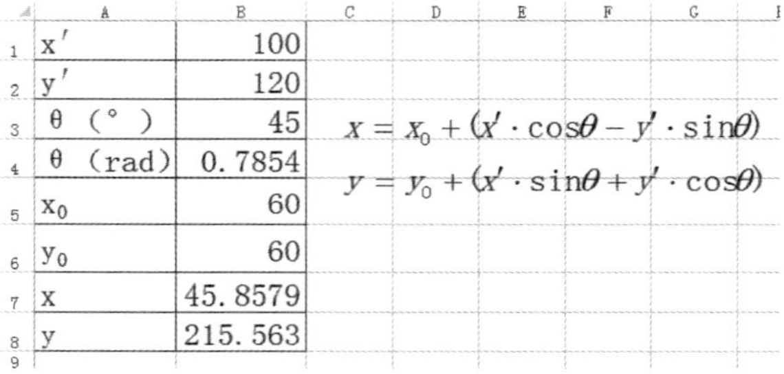

	A	B
1	x′	100
2	y′	120
3	θ (°)	45
4	θ (rad)	0.7854
5	x_0	60
6	y_0	60
7	x	45.8579
8	y	215.563

图 1-1-12　坐标旋转平移计算

步骤二：先在 A 列一次输入提示符。注意：θ 因单位变换占用两行（第三行单位为度，第四行单位为弧度）。

步骤三：依次输入原始数据的值，即从 B1 到 B3 依次输入 x'、y'、θ 的值，从 B5 到 B6 依次输入 x_0、y_0 的值。

步骤四：在 B4 输入公式“=RADIANS(B3)”。

这样把 B3 的角度单位由度转变为弧度，所用函数的使用方法见表 1-1-2。

步骤五：在 B7 输入公式“=B5+(B1*COS(B4)-B2*SIN(B4))”。

在 B8 输入公式“=B6+(B1*SIN(B4)+B2*COS(B4))”。

这样就得到了坐标旋转平移后的结果，见图 1-1-12。

四、技能深化

1.提高同类公式输入效率

为了提高同类公式的输入效率，同一类公式不用逐个输入，可以在图 1-1-12 中先单击 D3，把鼠标移动到 D3 右下角附近,光标变为图 1-1-13 中实心小十字,然后开始拖拉,图 1-1-14a)、b)为拖拉至 D4、D5 的具体情况,效果和逐行输入公式相同。此法用于多行数据时,效率高、速度快。

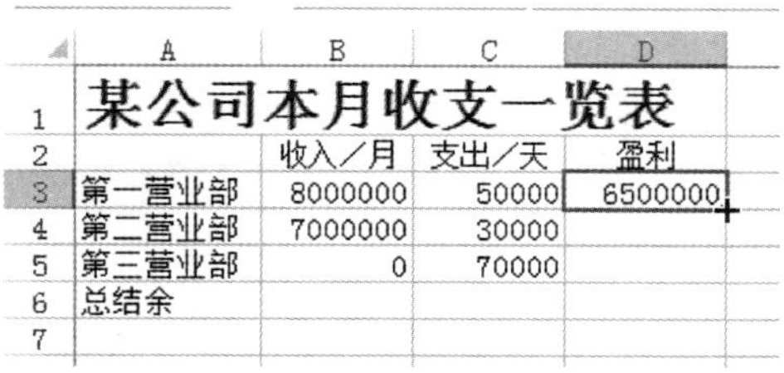

	A	B	C	D
1	某公司本月收支一览表			
2		收入/月	支出/天	盈利
3	第一营业部	8000000	50000	6500000
4	第二营业部	7000000	30000	
5	第三营业部	0	70000	
6	总结余			
7				

图 1-1-13　选择 D3

	A	B	C	D
1	某公司本月收支一览表			
2		收入/月	支出/天	盈利
3	第一营业部	8000000	50000	6500000
4	第二营业部	7000000	30000	6100000
5	第三营业部	0	70000	
6	总结余			
7				

a) 由D3拖拉至D4

	A	B	C	D
1	某公司本月收支一览表			
2		收入/月	支出/天	盈利
3	第一营业部	8000000	50000	6500000
4	第二营业部	7000000	30000	6100000
5	第三营业部	0	70000	-2100000
6	总结余			
7				

b) 由D3拖拉至D5

图 1-1-14　拖拉动作演示

2. 掌握数据计算精度控制

在图 1-1-15 的坐标旋转平移计算表格中,B1、B2、B5、B6 四个原始数据需要显示三位小数;B3 中的角度需要显示五位小数;B4 中的数据需要在第七位四舍五入;B7、B8 中的数据需要在第四位四舍五入。

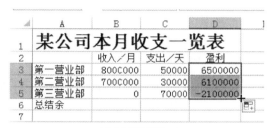

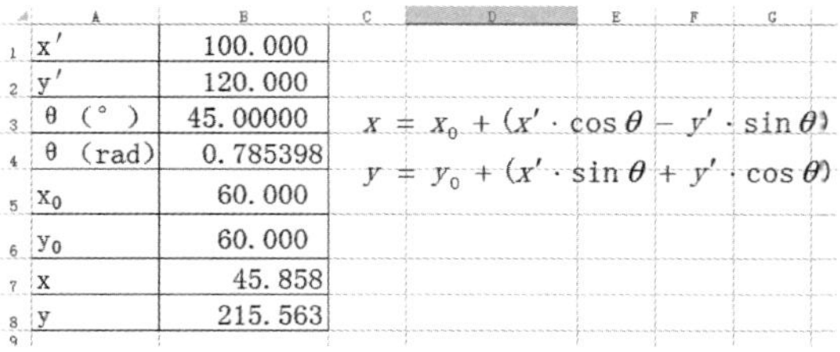

	A	B
1	x′	100.000
2	y′	120.000
3	θ (°)	45.00000
4	θ (rad)	0.785398
5	x_0	60.000
6	y_0	60.000
7	x	45.858
8	y	215.563

$x = x_0 + (x' \cdot \cos\theta - y' \cdot \sin\theta)$

$y = y_0 + (x' \cdot \sin\theta + y' \cdot \cos\theta)$

图 1-1-15　原始数据位数显示和成果数据截位

步骤一:原始数据小数显示,B1、B2、B5、B6 显示位数可在单元格对话框中设置,如图 1-1-16 所示,显示效果见图 1-1-15。

步骤二:在 B4 输入公式“ =ROUND(RADIANS(B3),6)”。

在 B7 输入公式“ =ROUND(B5 +(B1 * COS(B4) - B2 * SIN(B4)),3)”。

在 B8 输入公式“ =ROUND(B6 +(B1 * SIN(B4) + B2 * COS(B4)),3)”。

这样就能满足前述成果四舍五入和显示位数的要求,见图 1-1-15。

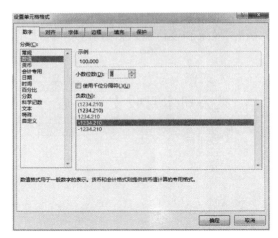

图 1-1-16　设置显示三位小数

五、技能归纳

本学习任务介绍的计算方法,如批量数据计算方法在日常计算中较为常用,应注意运用拖拉方法提高操作效率;通过运算符、函数的组合使用,可以完成数学计算和工程计算,一旦开发好有关的 Excel 模板,就可以对同一类问题直接输入原始数据并得到正确结果,关键是要有提示公式帮助理解,同时要保护成果公式,防止误操作影响计算结果。

六、考核评价

1. 学生自我评价

（1）此次操练是否顺利？

（2）若不顺利,请列出遇到的问题。

（3）分析出现问题的原因,并提出修正方案。

（4）您认为还需加强哪些方面的指导？

2. 学习任务评价表（表 1-1-4）

学习任务评价表　　　　　　　　　表 1-1-4

考核项目	分数			学生自评	小组互评	教师评价	小计
	差	中	好				
团队合作精神	6	13	20				
活动参与是否积极	6	13	20				
单个数据计算	10	20	30				
规则批量数据的计算	6	13	20				
掌握数据计算精度控制	3	7	10				
总分	100						
教师签字：					年　月　日		得分

七、作业

(1)写出利用运算符、函数进行单个数据计算的基本操作遇到了哪些困难或出现了哪些错误。

(2)写出利用Excel进行规则批量数据计算的优点。

(3)为什么要对计算原始数据、中间数据和成果数据进行精度控制?

任务二　自定义函数与VBA应用

一、任务告知

1.任务描述

针对Excel处理较复杂数据的需要,以工程测量中常见的附合导线近似平差计算、闭合导线计算为例进行介绍,其中附合导线近似平差计算采用公式串联计算、闭合导线计算采用VBA程序计算。

2.教学目标

通过本任务的学习,应达到以下要求:

(1)掌握附合导线的Excel公式计算方法;

(2)掌握闭合导线的Excel VBA的程序使用方法;

(3)掌握自定义函数的使用方法。

3.内容结构

本任务的内容结构,如图1-2-1所示。

图1-2-1　内容结构

二、任务导入

1.自定义函数及其使用意义

工作中有时会遇到编写公式时找不到适合的Excel内置函数,或者虽然可以使用内置函数,但会导致公式复杂不易理解,这时可以考虑使用自定义函数。

编写自定义函数需要一定的VBA基础,一旦完成后,就可以像使用内置函数一样方便。

在训练中,以Excel内置函数没有的功能为例,计算"弧度"变"度分秒"的过程,如弧度值为0.95,对应度分秒的结果为54°25′51.6″。

2. 附合导线平差计算——完成原始数据和计算步骤说明

本任务以实测角度为左角推算,实测为右角时先变换成左角再算,n 为水平角观测个数,边长为 $n-1$ 个,本次任务 $n=6$,边长个数为 5。

(1) 附合导线计算图

图 1-2-2 中实测边长(单位:m)标注在边的下部,实测角度(度分秒)均为左角,已知点 A、B 坐标已标出,已知边 BA、CD 的方位角均已标出。现需要计算 1~4 点的坐标。

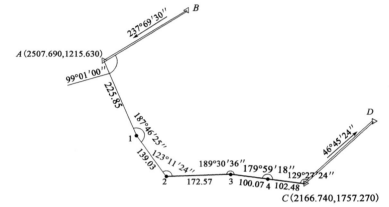

图 1-2-2　附合导线计算图

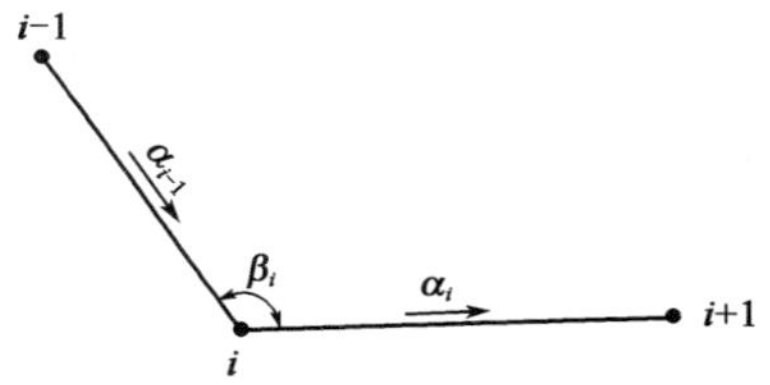

(2) 手工计算步骤

① 坐标方位角推算(图 1-2-3),终边方位角角度闭合差计算与精度判定。

方位角推算式(1-2-1)的角度单位为度,在 Excel 的计算中需要使用弧度,应注意变换。

$$\alpha_i = \alpha_{i-1} + \beta_i + 180 \qquad (1\text{-}2\text{-}1)$$

图 1-2-3　方位角推算图

② 坐标方位角改正。

由终边 CD 推算的方位角 α'_{CD} 与已知方位角 α_{CD} 的差值 f_β 在容许误差 $[f_\beta]$ 范围(见式 1-2-2),采用平均分配误差的方法计算方位角修正,并计算出修正值,过程见式(1-2-2)、式(1-2-3)。

$$f_\beta = \alpha'_{CD} - \alpha_{CD} \leqslant [f_\beta] \qquad (1\text{-}2\text{-}2)$$

$$\alpha'_i = \alpha_i - \frac{f_\beta}{n} \times (i+1) \qquad (1\text{-}2\text{-}3)$$

③ 坐标增量计算与全长相对闭合差精度判定。

式(1-2-4)为坐标增量计算,式(1-2-5)为 x、y 坐标增量闭合差计算,式(1-2-6)为全长闭合差计算,式(1-2-7)为全长相对闭合差计算。

$$\Delta x_i = D_i \times \cos\alpha_i$$
$$\Delta y_i = D_i \times \sin\alpha_i \qquad (1\text{-}2\text{-}4)$$

$$f_x = \sum \Delta x_i$$
$$f_y = \sum \Delta y_i \qquad (1\text{-}2\text{-}5)$$

$$f_D = \sqrt{f_x^2 + f_y^2} \tag{1-2-6}$$

$$K = \frac{f_D}{\sum D_i} \leqslant [K] \tag{1-2-7}$$

④坐标增量改正。

式(1-2-8)为基于边长的坐标增量闭合差的比例分配计算公式。

$$\begin{cases} \Delta x'_i = \Delta x_i - \dfrac{f_x}{\sum D_i} D_i \\ \Delta y'_i = \Delta y_i - \dfrac{f_y}{\sum D_i} D_i \end{cases} \tag{1-2-8}$$

⑤坐标计算。

式(1-2-9)是各点坐标成果计算式。

$$\begin{cases} x_i = x_{i-1} + \Delta x_i \\ y_i = y_{i-1} + \Delta y_i \end{cases} \tag{1-2-9}$$

3. 闭合导线平差计算

本任务以实测角度为左角推算,实测为右角时先变换成左角再计算。计算中用到的数据见图1-2-4。其计算步骤参照附合导线的步骤。本任务主要是依据图1-2-3和附录中提供的程序完成计算任务。

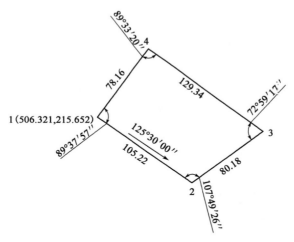

图1-2-4 闭合导线计算图

三、技能操练

1. 自定义函数

步骤一:调出开发工具菜单。

一般安装 Excel 后,看不到"开发工具"菜单(图1-2-5),需要使用者自己通过一系列设置调出该菜单(图1-2-6)。

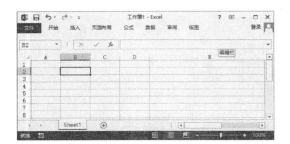

图1-2-5 无"开发工具"菜单的界面　　　　图1-2-6 有"开发工具"菜单的界面

单击"文件—选项—自定义功能区"看到图1-2-7对话框,从主选项卡中勾选开发工具,单击"确定"。

步骤二:打开 VBA 窗口(按 Alt + F11 调出 VBA 窗口),插入一个用户模块(图1-2-8、图1-2-9)。

步骤三:编写代码。

通常,自定义函数是用 Function 命令开始的,该命令需指定一个名字和参数,将下面的自定义函数代码粘贴到刚插入的用户模块中即可使用。

图1-2-7 自定义功能区对话框

图1-2-8 插入模块　　　　图1-2-9 插入模块后的界面

```
Function radtodms(rad)
    Degree = rad * 180/3.1415926535
    d = Int(Degree)
    f = Int((Degree - d) * 60)
    s = Int(((Degree - d - f/60) * 3600) * 10)/10
    radtodms = Str$(d) + "°" + LTrim(Str$(f)) + "′" + LTrim(Str$(s)) + "″"
End Function
```

这段代码非常简单,只有七行。先看第一行,其中 radtodms 是自定义函数名字,括号中是参数,也就是变量,rad 表示弧度值。

第二行,这是计算过程,将 rad 弧度值换算为度,赋值给 Degree。

第三行,这是计算过程,将 Degree 角度值中的度的整数部分截取赋值给 d。

第四行,这是计算过程,将 Degree 角度值中的分的整数部分截取赋值给 f。

第五行,这是计算过程,将 Degree 角度值中的秒的部分截取赋值给 s,并保留一位小数。

第六行,这是字符串计算过程,将度分秒的值变为格式字符串赋值给 radtodms(函数名),即自定义函数的名字。

第七行,它是与第一行成对出现的,当输入第一行时,End function 就会自动出现,表示自定义函数的结束。

radtodms(rad)函数功能:把"弧度"转变为"度分秒",度、分均为整数,秒为保留一位小数的数值。rad 为参数,radtodms 为函数。

步骤四:使用自定义函数。

回到 Excel 窗口,在 B4 单元格中输入公式"= ra"时界面弹出提示窗口(图 1-2-10),单击 radtodms,完成图 1-2-11 的公式输入,就会得到 0.95 弧度对应的度分秒值(图 1-2-12),它的使用方法同内置函数完全一样。

 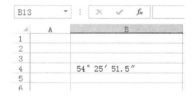

图 1-2-10 弹出窗口   图 1-2-11 完成自定义函数公式输入   图 1-2-12 自定义函数计算结果

2. 附合导线平差计算

(1)公式录入步骤

图 1-2-13 为附合导线计算表格,通过以下步骤录入公式。

	A	B	C	D	E	F	G	H	I	J	K	L	M	N
1							附和导线坐标计算表							
2	点号	°	′	″	观测角(°)	坐标方位角(°)	坐标方位角(°)	距离(m)	ΔX(M)	ΔY(M)	ΔX(M)	ΔY(M)	X(m)	Y(m)
3	B					237.9917	237.9916667							
4	A	99	1	0	99.0166667	157.008333	157.01	225.85	-207.91142	88.2103393	-207.8672	88.1689454	**2507.690**	**1215.630**
5	1	167	45	36	167.76	144.768333	144.7716667	139.03	-113.56801	80.1975552	-113.5645	80.1720737	2299.823	1303.799
6	2	123	11	24	123.19	87.9583333	87.96333333	172.57	6.1329745	172.460986	6.1675937	172.429357	2186.282	1383.971
7	3	189	20	36	189.343333	97.3016667	97.30833333	100.07	-12.729792	99.2570264	-12.710261	99.2386855	2192.449	1556.400
8	4	179	59	18	179.988333	97.29	97.29833333	102.48	-13.018624	101.649721	-12.9985461	101.630939	2179.739	1655.639
9	C	129	27	24	129.456667	46.746667	46.75666667						**2166.740**	**1757.270**
10	D					46.75667	46.75666667							
11	和						0	740	-341.0949	541.77563	-340.95	541.64	-340.95	541.64
12	已知α1	237	59	30	237.991667			坐标闭和差	-0.144872	0.1356277	0	0		
13	已知α2	46	45	24	46.7566667			全长闭和差(m)	0.19845104					
14					角度闭和差(度)	-0.01	限差(″)	全长相对闭和差	1/	3728.8794	<	1/2000		
15					角度闭和差(秒)	-36	<	146.9693846						

图 1-2-13 附合导线计算表格

步骤一：录入图 1-2-13 中的表头、说明和序号。

步骤二：录入第 2~4 列的角度的原始数据,注意度分秒分别输入。

步骤三：观测角角度单位由度分秒变为度,在 E4 中输入公式" = B4 + C4/60 + D4/3600",其他行通过拖拉就可以完成相似计算。

步骤四：在 B12、C12、D12 中输入起始方位角的度分秒值,在 B13、C13、D13 中输入终边方位角的度分秒值,在 E12、E13 中分别完成起始方位角和终边方位角的度分秒的转换。在 F3、G3 中提取 E12 的值,在 F10、G10 中提取 E13 的值。在 F4~F9 中计算方位角的值,手工计算公式见式(1-2-1),在 F4 中输入公式" = F3 + E4 + IF(F3 + E4 >180, −180,180)"。

输入该式中的关键在于 if 函数的引入,其实不引入该函数不会影响三角函数的结果,只是有时计算的方位角区间不在[0,360)内;该函数的引入能保证方位角计算结果在[0,360)内,即当"F3 + F4"大于 180 时,就减去 180,否则加上 180。F5~F9 可以采用拖拉方式完成。

步骤五：在 F14、F15 计算方位角闭合差 f_β 的大小,前者单位为度,后者单位为秒,并与限值$[f_\beta]$进行比较,本次精度限值为$[f_\beta] = 60\sqrt{6} = 146.97''$。判断合格后,进行 f_β 反符号平均分配。

步骤六：在 G4~G9 中分别输入公式:

" = F5 − $F$14/6 ∗ 1"

" = F5 − $F$14/6 ∗ 2"

" = F5 − $F$14/6 ∗ 3"

" = F5 − $F$14/6 ∗ 4"

" = F5 − $F$14/6 ∗ 5"

" = F5 − $F$14/6 ∗ 5"

得到修正后的方位角,单位为度。在 G11 中输入公式" = G9 − G10"。
看调整后方位角闭合差是否为零,为零则正确,否则应检查计算过程。

步骤七：在 H11 中输入公式:

" = SUM(H4:H8)"

得到导线全长值:740m。

步骤八：在 I4、J4 中分别输入公式:

" = H4 ∗ COS(RADIANS(G4))"

" = H4 ∗ SIN(RADIANS(G4))"

分别得到 A→1 的 Δx、Δy 的值,采用拖拉的方法得到 I5~I8、J5~J8 的值,见图 1-2-13。

在 I11、J11 分别输入公式:

" = SUM(I4:I8)"

" = SUM(J4:J8)"

分别得到 $\sum x_i'$、$\sum y_i'$ 的值。

在 I12、J12 分别输入公式:

" = I11 − M11"

" = J11 − N11"

分别得到 f_x、f_y 的值。

在 I13 输入公式：
$$"=SQRT(I12\textasciicircum 2+J12\textasciicircum 2)"$$
得到 f_D 的值。
在 J14 输入公式：
$$"=H11/I13"$$
将得到 K 的值，并与 $[K]$ 比较，如果合格，继续计算；否则查找原因。

步骤九：在 K4、L4 中分别输入公式：
$$"=I4-H4/H11*I12"$$
$$"=J4-H4/H11*J12"$$

分别得到 $A \to 1$ 的 $\Delta x'$、$\Delta y'$ 的值。采用拖拉的方法得到 K5~K8、L5~L8 的值，见图 1-2-13。

在 K11、L11 分别输入公式：
$$"=SUM(K4:K8)"$$
$$"=SUM(L4:L8)"$$

分别得到 $\sum x'_i$、$\sum y'_i$ 的值，在 K12、L12 分别输入公式：
$$"=M11-K11"$$
$$"=N11-L11"$$

分别得到 f'_x、f'_y 的值，如果这两个值不为零，应检查计算过程。

步骤十：在 M4、N4 中分别输入 A 点 x、y 坐标：2507.690、1215.630。在 M9、N9 中分别输入 C 点 x、y 坐标：2166.740、1757.270。

在 M5、N5 中分别输入公式：
$$"=M4+K4"$$
$$"=N4+L4"$$

分别得到 1 点的 x、y 坐标值。采用拖拉的方法得到 M6~M8、N6~N8 的值，即 2~4 的 x、y 坐标值，详见图 1-2-13。

在 M11、N11 分别输入公式：
$$"=SUM(M4:M8)"$$
$$"=SUM(N4:N8)"$$

分别得到 $\sum x'_i$、$\sum y'_i$ 的值，在 K12、L12 分别输入：
$$"=M9-M4"$$
$$"=N9-N4"$$

分别得到 $\sum x'_i$、$\sum y'_i$ 的对应值，如果对应值不相等，应检查计算过程。

（2）计算结果判定

判定时关键看 F15、J14 是否超限，K12、L12 是否为零。

3. 闭合导线平差计算

（1）程序组织

程序界面输入输出为 Excel 表格 A4~O13 的矩形区域，右侧两个按钮，"计算"按钮可按下时则"清空"按钮为未激活状态，反之亦然，见图 1-2-14、图 1-2-15。

Excel 在工程中的应用

	A	B	C	D	E	F	G	H	I	J	K	L	M	N	O	P
1						表		闭和导线坐标计算表								
2	点号	°	′	″	观测角(°)	角度改正数	改正后的角(°)	坐标方位角(°)	距离(m)	ΔX(M)	ΔY(M)	ΔX(M)	ΔY(M)	X(m)	Y(m)	计算
3	1	2	3	4	5	6	7	8	9	10	11	12	13	14	15	
4	1								105.22					506.321	215.652	
5	2	107	48	30					80.18							清空
6	3	73	0	20					129.34							
7	4	89	33	50					78.16							
8	1	89	36	30												
9	2															
10	和															
11	已知α 1	125	30	0												
12					角度闭和差(度)		限差(°)		全长闭和差(m)							
13					角度闭和差(秒)		120		全长相对闭和差	1/		<	1/2000			

图 1-2-14 闭合导线计算原始数据状态

	A	B	C	D	E	F	G	H	I	J	K	L	M	N	O	P
1						表		闭和导线坐标计算表								
2	点号	°	′	″	观测角(°)	角度改正数	改正后的角(°)	坐标方位角(°)	距离(m)	ΔX(M)	ΔY(M)	ΔX(M)	ΔY(M)	X(m)	Y(m)	计算
3	1	2	3	4	5	6	7	8	9	10	11	12	13	14	15	
4	1							125.5	105.22	-61.101562	85.6612371	-61.125488	85.680321	506.321	215.652	
5	2	107	48	30	107.8083333	0.003471375	107.8118047	80.18	47.904359	64.2962415	47.886107	64.310784	445.19551	301.33232	清空
6	3	73	0	20	73.00555556	0.003471375	73.00902693	306.3208316	129.34	76.608869	-104.21092	76.5794582	-104.18747	493.08162	365.64311	
7	4	89	33	50	89.56388889	0.003471375	89.56736026	215.8881919	78.16	-63.322302	-45.81781	-63.340074	-45.803634	569.66108	261.45564	
8	1	89	36	30	89.60833333	0.003471375	89.61180471	125.5						506.321	215.652	
9	2															
10	和				359.9861145	0.013885498	360		392.90	0.0893425	-0.0712825	1.9467E-06	4.581E-06			
11	已知α 1	125	30	0				125.5								
12					角度闭和差(度)	-0.013885498	限差(°)		全长闭和差(m)	0.1142822						
13					角度闭和差(秒)	-50	120		全长相对闭和差	1/	3437.9806	<	1/2000			

图 1-2-15 闭合导线计算计算完成状态

输入原始数据:实测内角值(左角)、实测边长、起边方位角、起点坐标后,点击"计算"按钮开始计算,计算结果见图 1-2-15;计算其他数据时,点击"清空"按钮,清除计算结果,即图 1-2-14 状态。

(2)关键技术

数据输入由程序读取数据,数据输出由程序向单元格写入数据。这是本程序的关键。

① 从单元格读取数据

如程序中出现语句 Du1 = Sheet1.Cells(5,2),则表示把 Sheet1 的第 5 行第 2 列也就是 Sheet1 的 B5 单元格的数据赋予了 DU1 变量,即把 107 赋值给 DU1,也就是程序经过这一句从表格中获取了数值用于后续计算。

② 向单元格写入数据

如程序中出现语句 Sheet1.Cells(12,6) = -0.0138855,则表示把"-0.0138855"写入 Sheet1 的第 12 行第 6 列,也就是 Sheet1 的 F12 单元格的值显示为"-0.0138855"。

(3)计算结果及判定

判断 F13 单元格的绝对值是否超出了 G13 单元格的限制、J13 单元格是否超出了 L13 单元格的限制(分母越大越好),如果这两项均合格,则平差后的坐标可以使用。

四、技能深化

(1)自定义函数在专业计算中十分方便,关键要注意参数类型和计算精度,同时要注意自定义函数的积累可以函数包的形式积累到一个文件,方便随时调用。

(2)附合导线平差计算采用了普通表格计算的方式来定义,虽然该方法是最直观的和便于理解的,但是在导线点个数发生变化时会带来不便。然而,为了解决问题和方便初学者使用,还是保留了这一格式,大量计算时宜采用 VBA 形式完成。

(3)闭合导线平差计算的例子是 4 个导线点,导线点增多时(超过 10 点时),需要程序做一定的修改。即使当导线点在 5~10 个时,Excel 的输出界面也得做一定的修改。

(4)本任务用到了单元格的绝对引用,如"=F5-$F$14/6*1",其中的"$F$14"与"F14"的区别在于,进行拖拉时,前者陆续变成"=F6-$F$14/6*1""=F7-$F$14/6*1"等。后者陆续变成"=F6-F15/6*1""=F7-F16/6*1"等。希望读者仔细体会变化规律,深刻理解绝对引用含义,这会给计算带来极大方便。

五、技能归纳

本学习任务的计算方法,如逻辑函数、自定义函数和 VBA 程序的引入对实际的公路工程复杂数据计算有较大运用价值。逻辑函数在处理条件计算中有重要意义,需要掌握条件相对简单的逻辑函数运用技巧,从而正确处理实际计算。针对一些经常使用的简单计算,用自定义函数的方式积累起来可以大大提高工作效率。附合导线是公路测设和施工放样最常见的平面控制形式,采用 Excel 计算,主要难点在于角度单位、三角函数和数据组织。闭合导线作为公路工程中场地地形图测量的可能平面控制形式,采用 Excel VBA 编程计算,难点在编程,程序使用的难点在于原始数据正确性判断和成果数据正确性的判断,建议增加类似于手工计算复核和审核程序,确保数据输入正确和成果正确使用。

六、考核评价

1. 学生自我评价

(1)此次操练是否顺利?

(2)若不顺利,请列出遇到的问题。

(3)分析出现问题的原因,并提出修正方案。

(4)您认为还需加强哪些方面的指导?

2. 学习任务评价表(表 1-2-1)

学习任务评价表　　　　　　　　　表 1-2-1

考核项目	分数			学生自评	小组互评	教师评价	小计
	差	中	好				
团队合作精神	6	13	20				
活动参与是否积极	6	13	20				
自定义函数	6	13	20				
附合导线计算程序编写	6	13	20				
闭合导线程序使用	6	13	20				
总分		100					
教师签字:				年　月　日		得分	

七、作业

(1)根据自己遇到的常见计算类型,利用 Excel 自定义一个函数。

(2)参照附合导线计算方法,把本任务中的闭合导线利用 Excel 公式完成计算。

模块二 Excel 在公路施工放样中的应用

【学习引导】

1. 技能目标

(1) 掌握利用 Excel 进行大地直角坐标转换成极坐标放样数据计算的方法；
(2) 掌握数据检索函数的使用方法；
(3) 掌握由直角坐标反算方位角的方法；
(4) 掌握 Excel 曲线要素的计算方法；
(5) 掌握 Excel 偏角法测设方法；
(6) 掌握 Excel 切线支距法测设方法；
(7) 掌握 Excel 从其他工作簿调用数据的方法；
(8) 掌握 Excel 直角坐标计算方法；
(9) 掌握 Excel 平曲线部分坐标计算方法；
(10) 掌握 Excel 断面高程计算方法；
(11) 掌握 Excel 超高值计算方法。

2. 主要内容

模块二的主要内容结构，如图 2-0-1 所示。

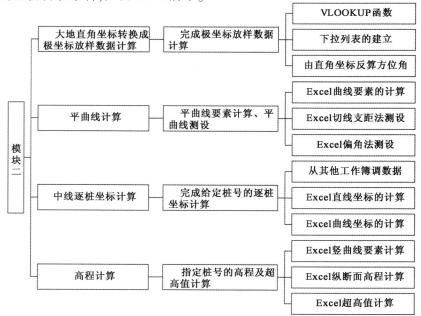

图 2-0-1 模块二的主要内容结构图

任务一　大地直角坐标转换成极坐标放样数据计算

一、任务告知

1. 任务描述

公路工程的施工现场数据(施工放样、数量计算等)采用手工计算(各种计算器)具有直观、易理解的优点;缺点是易出错、效率低。用传统的编程方法(VB、VC 等)的优点是计算准确、效率高;缺点是需要编制专用的程序,需要专业人员有很好的编程能力,使用者需要接受培训。基于此,引入 Excel 进行相应计算,数据的输入、输出(均在 Excel 界面)变得十分直观、高效,计算过程可以采用插入函数计算等,因此应用广泛。但是,尚有如下不足:

(1)数据的输入、输出在一个界面,操作时容易相互干扰,容易造成原始数据改动;数据量大时,操作界面数据类型多、混乱。

(2)对自定义函数应用较少,所定义的公式过于简单,缺乏可维护性。

(3)因为缺乏对高级函数的应用,数据引用处于较低水平,不易分工协作。

(4)批量数据计算手工操作过多,效率低、强度高。

已知导线点坐标、中桩坐标,指定导线点为测站和后视点,利用 Excel 计算极坐标放样数据,Excel 计算模块能完成展示数据管理、检索、批量数据处理系统过程、高级函数、自定义函数和 VBA 程序。

2. 教学目标

通过本任务的学习,应达到以下要求:

(1)掌握利用 Excel 进行大地直角坐标转换成极坐标放样数据计算的方法;

(2)掌握数据检索函数的使用方法;

(3)掌握由直角坐标反算方位角的方法。

3. 内容结构

本任务的内容结构,如图 2-1-1 所示。

图 2-1-1　内容结构

二、任务导入

1. 极坐标计算基本图式

如图 2-1-2a)所示,计算中桩 ZK115+500(4038008.989,531541.360),以 CI40(4037788.651,

531656.568)为测站,以 CI41(4037740.540,531426.160)为后视点的极坐标放样数据,为了不失一般性,这里只计算方位角(假定后视方向设定为其方位角,不归零)和距离。计算结果见图2-1-2b)中的方位角和距离。

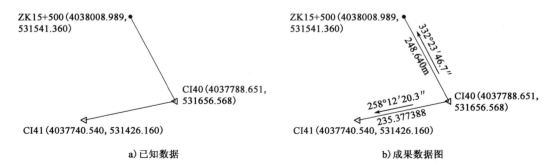

图 2-1-2 已知数据与成果数据图

方位角的基本计算公式见式(2-1-1),距离计算公式比较简单,在此不列出,详细公式可以参照有关测量书籍即可。

$$\alpha = \arctan\frac{\Delta Y}{\Delta X} \tag{2-1-1}$$

2. 软件开发构思

图 2-1-3 是软件数据管理流向图。

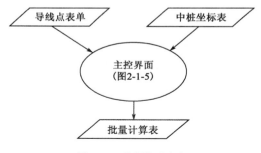

图 2-1-3 数据管理流向

"导线点"表单[图2-1-4b)]、"中桩坐标"表单[图2-1-4a)]向"主控界面"表单(图2-1-5)提供数据检索和关联的原始数据,主控界面计算单个放样数据,同时可以批量计算数据并填写于"批量计算"表单(图2-1-6)中。

桩号	X	Y
ZK114+450	4038986.310	531159.831
ZK114+460	4038977.171	531163.889
ZK114+480	4038958.892	531172.006
ZK114+500	4038940.613	531180.123

a)"中桩坐标"表单

编号	X	Y
CI43	4039466.263	531068.5
CI44	4039446.375	530814.9
CGPS10	4038802.001	531232.1

b)"导线点"表单

图 2-1-4 "中桩坐标"与"导线点"表单

模块二　Excel在公路施工放样中的应用

	A	B	C	D	E	F	G
1	导线点相关	编号/个数/桩号	X	Y	方位角	距离	
2	导线点个数	18					
3	测站	CI40	4037788.651	531656.568			
4	后视	CI41	4037740.540	531426.160	258°12′20.3″	235.377388	
5							
6	中桩相关		X	Y	方位角	距离	
7	中桩个数	72					
8	开始桩号	ZK115+720	4037797.533	531602.038			
9	结束桩号	ZK115+800	4037720.148	531622.323			
10	单个中桩	ZK115+500	4038008.989	531541.360	332°23′46.7″	248.6397344	
11							
12				批量计算放样数据			
13							

图 2-1-5 "主控界面"表单

图 2-1-6 "批量计算"表

主控界面可以自动检索"导线点"表单中的导线点个数、"中桩坐标"表单中的中桩个数,测站、后视点、开始桩号、结束桩号、单个中桩(桩号)均采用下拉列表选择(图 2-1-7),相应的坐标(X,Y)自动检索后填充于表格,这样可以防止数据出错,同时方便对数据进行分类管理。

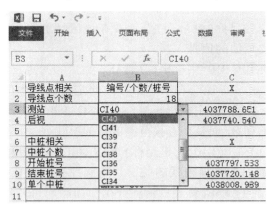

图 2-1-7 下拉列表应用

三、技能操练

1. 高级内置函数

高级内置函数应用:数据管理、数据联动检索使用。

(1) VLOOKUP 函数

本部分基于 Office 2013 版本(其他版本的 Office 可供参考)。该函数的主要功能:按照查找目标使其他表单对应值返回当前单元格——把具有相同查找目标的值从其他表单返回当前表单指定位置。如图 2-1-5 所示,在"主控界面"(B10)下拉列表找到单个中桩的桩号(ZK115 + 500),则后面两列(C10、D10)中通过该函数自动检索到"中桩坐标"表单对应的 X、Y 值(4038008.989、531541.360)。

VLOOKUP 函数的调用基本格式为:VLOOKUP(lookup_value,table_array,col_index_num,range_lookup),VLOOKUP 各参数具体功能见表 2-1-1。

VLOOKUP 各参数说明　　　　　　　　　　表 2-1-1

参　数	简单说明	输入数据类型
lookup_value	要查找的值	数值、引用或文本字符串
table_array	要查找的区域	数据表区域
col_index_num	返回数据在区域的第几列数	正整数
range_lookup	模糊匹配	TRUE(或不填)/FALSE

VLOOKUP 函数的进一步说明,VLOOKUP(查找目标、查找范围、返回值的列数、精确或模糊查找),下面以图 2-1-5 中 B11 单元格为例予以介绍:

查找目标:VLOOKUP(B10,中桩坐标! $A$2:$C$999999,2,FALSE)中的第一个参数"B10",即中桩桩号,当前为"ZK115 + 500"。

查找范围:VLOOKUP(B10,中桩坐标! $A$2:$C$999999,2,FALSE)中的第二个参数"中桩坐标! $A$2:$C$999999",即图 2-1-4a)"中桩坐标"表单的 A ~ C 列 1 ~ 999999 行的区域,999999 是区域的行数,可以根据需要进行相应变化。

需要特别注意的是:查找目标(桩号列)一定要在该区域的第一列;该区域中一定包含要返回值所在的列,本例中要返回的值是 X。

返回值的列数:VLOOKUP(B10,中桩坐标! $A$2:$C$999999,2,FALSE)中的第三个参数"2",它是一个整数值。它是"返回值"在第二个参数给定的区域中的列数。本例中要返回的是"X",它是第二个参数查找范围"中桩坐标! $A$2:$C$999999"的第二列。这里一定要注意,列数不是在工作表中的列数,而是在查找范围区域的第几列。

精确或模糊查找:VLOOKUP(B10,中桩坐标! $A$2:$C$999999,2,FALSE)中最后一个参数"FALSE",是决定函数精确和模糊查找的关键。精确即完全一样,模糊即包含的意思。第四个参数如果指定值是 0 或 FALSE,就表示精确查找,而值为 1 或 TRUE 时则表示模糊。

(2) Excel 单元格下拉列表的建立

Excel 单元格下拉列表的建立流程(以 Excel 2013 为例):

数据验证(图 2-1-8)→数据验证二级菜单(图 2-1-9)→设置(图 2-1-10)→序列(图 2-1-11)→来源(图 2-1-12)→选定所需表单对应的列[图 2-1-4b)]。

以设置导线点的测站为例(后视点、开始桩号、结束桩号,单个中桩也需要类似设置),需要选择导线点表单的第一列数据,即图 2-1-4b)的第一列编号,选择操作范围显示见图 2-1-12

中的来源文本框。

图 2-1-8　数据验证菜单

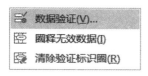

图 2-1-9　数据验证二级菜单

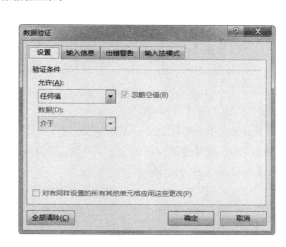

图 2-1-10　数据验证设置面板

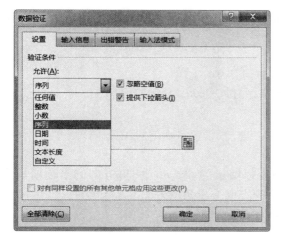

图 2-1-11　验证条件选择序列

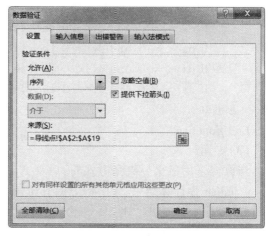

图 2-1-12　序列数据来源选择

2. 自定义函数

自定义函数：数据格式、方位角计算函数。

统一的全局常量定义，所有模块均用到此常量，这样其他模块均可以用到常量 pi 的值。

源代码如下：

Public Const pi = 3.1415926

（1）数据格式函数

radtodms(rad) 函数功能：把弧度转变为度分秒，度、分均为整数，秒为保留一位小数的数值。rad 为参数，radtodms 为函数，源代码如下：

```
Function radtodms(rad)
    degree = rad * 180/pi
    d = Int(degree)
    f = Int((degree - d) * 60)
    s = Int((((degree - d - f/60) * 3600) * 10)/10
    radtodms = Str$(d) + "°" + LTrim(Str$(f)) + "′" + LTrim(Str$(s)) + "″"
End Function
```

（2）方位角计算函数

fwj(dx,dy) 函数，dx、dy（对应式(2-1-1)中的 ΔX、ΔY）分别为某点相对于测站的 X、Y 的坐标增量；fwj 为对应于 dx、dy 的方位角，方位角计算结果单位为弧度。dx=0 时，需要单独讨论。

```
Function fwj(dx, dy)
    If dx = 0 Then
        If dy = 0 Then fwj = "出错!"
        If dy > 0 Then fwj = pi / 2
        If dy < 0 Then fwj = pi * 3 / 2
    Else
        xxj = Atn(Abs(dy / dx))
        If dx >= 0 And dy > 0 Then fwj = xxj
        If dx <= 0 And dy > 0 Then fwj = pi - xxj
        If dx <= 0 And dy < 0 Then fwj = pi + xxj
        If dx >= 0 And dy < 0 Then fwj = 2 * pi - xxj
    End If
End Function
```

（3）夹角计算

当放样采用极坐标夹角方式时，后视方向的坐标增量为 dtx、dty，中桩方向的坐标增量为 dx、dy，jiajiao 为计算结果，是中桩方向方位角与后视方向方位角的差。

```
Function jiajiao(dx, dy, dtx, dty)
    '计算后视方向
    hs = fwj(dtx, dty)
    '计算单个中桩夹角
    jiajiao = fwj(dx, dy) - hs
    If jiajiao < 0 Then jiajiao = jiajiao + 2 * pi
    If jiajiao > 2 * pi Then jiajiao = jiajiao - 2 * pi
```

End Function

3. VBA 程序开发——批量计算数据

计算后视方位角,确定计算范围,填写表头,完成逐桩方位角计算、距离计算、夹角计算,数据回填表格。

该程序的核心技术是表格的引用。以下文源代码中的第五行为例,"Worksheets("主控界面").Cells(4,3)"对应图 2-1-5 中的 C4 单元格,其他的引用可以参照。既可以从单元格提取信息(一般提取信息为文本,必要时需要通过 VAL 函数转变为数值才能进行计算),也可以在单元格写入信息。

```
Private Sub CommandButton3_Click( )
    '"批量放样数据"! $ a:$ z. clear,清除成果表格 Sheets("Sheet2").Cells.Clear
Sheets("批量放样数据").Cells.Clear
    '计算后视方向
    dtx = Val(Worksheets("主控界面").Cells(4,3)) - Val(Worksheets("主控界面").Cells(3,3))
    dty = Val(Worksheets("主控界面").Cells(4,4)) - Val(Worksheets("主控界面").Cells(3,4))
    hs = fwj(dtx, dty)
    '确定起止桩号
    For i = 1 To Val(Worksheets("主控界面").Cells(7,2))
    MsgBox i
    If Worksheets("中桩坐标").Cells(i + 1, 1) = Worksheets("主控界面").Cells(8,2) Then sn = i
    If Worksheets("中桩坐标").Cells(i + 1, 1) = Worksheets("主控界面").Cells(9,2) Then en = i
    Next i
    j = 1
Worksheets("批量放样数据").Cells(1,1) = "桩号"
Worksheets("批量放样数据").Cells(1,2) = "方位角"
Worksheets("批量放样数据").Cells(1,3) = "距离"
Worksheets("批量放样数据").Cells(1,5) = "与后视方向夹角"
Worksheets("批量放样数据").Cells(1,6) = "距离"
For i = sn To en
        j = j + 1
        '计算单个中桩
        dtx = Val(Worksheets("中桩坐标").Cells(i + 1, 2)) - Val(Worksheets("主控界面").Cells(3,3))
        dty = Val(Worksheets("中桩坐标").Cells(i + 1, 3)) - Val(Worksheets("主控界面").Cells(3,4))
```

```
            Worksheets("批量放样数据").Cells(j, 1) = Worksheets("中桩坐标").Cells
(i + 1, 1)
            Worksheets("批量放样数据").Cells(j, 2) = radtodms(fwj(dtx, dty)) '转变
为度分秒
            Worksheets("批量放样数据").Cells(j, 3) = Sqr(dtx * dtx + dty * dty)
            jjiao = fwj(dtx, dty) – hs
            If jjiao < 0 Then jjiao = jjiao + 2 * pi
            If jjiao > 2 * pi Then jjiao = jjiao – 2 * pi
            Worksheets("批量放样数据").Cells(j, 5) = radtodms(jjiao) '转变为度分秒
            Worksheets("批量放样数据").Cells(j, 6) = Sqr(dtx * dtx + dty * dty)
    Next i
End Sub
```

注意：主控界面数据要清空。

4. 运行过程

运行总体步骤如下。

步骤一：打开本文总控界面所在的 Excel 文件，输入原始数据表单(有电子版可以选择复制)，见图 2-1-4a)、b)并校核。

步骤二：在图 2-1-5 中，利用下拉列表选择测站点编号、后视点编号、单个中桩桩号，此时 Excel 自动计算该中桩对应的极坐标放样数据——方位角和距离等。

步骤三：在图 2-1-5 中选定开始桩号、结束桩号，点击图 2-1-5 中的"批量计算放样数据按钮"，程序计算的成果见图 2-1-6。

四、技能深化

VLOOKUP 函数的引入，使得下拉列表功能得以实现，增加了计算界面的交互性，只要一次检查好原始数据，以后只需检索数据，而不用再次手工输入数据，减少了出错的可能性。

方位角的计算程序在公路测量中经常用到，需要反复使用、深刻理解其原理，对实际工作有一定帮助。

VLOOKUP 函数检索得到的 Excel 单元格中的数据为文本格式(主控界面中，单元格数据左上角有倒三角的)，程序中采用了 VAL 函数将文本格式转变为数值格式参加计算。

五、技能归纳

本任务通过创建 Excel 模板文件可实现如下功能：

(1)单个数据计算时，为了防止输入错误采用下拉列表与 VLOOKUP 函数组合的方式。

(2)为了完成单个数据的计算、格式化自定义了若干函数并予以引用。

(3)为了完成批量数据计算编制了 VBA 程序。

VLOOKUP 函数的引入对于公路工程施工数据计算过程具有高效、防错等作用。本计算思路不但可以用于施工计算，也可以用于设计计算。

六、考核评价

1. 学生自我评价

（1）此次操练是否顺利？
（2）若不顺利，请列出遇到的问题。
（3）分析出现问题的原因，并提出修正方案。
（4）您认为还需加强哪些方面的指导？

2. 学习任务评价表（表2-1-2）

学习任务评价表   表2-1-2

考核项目	分数			学生自评	小组互评	教师评价	小计
	差	中	好				
团队合作精神	6	13	20				
活动参与是否积极	6	13	20				
VLOOKUP函数定义下拉列表	6	13	20				
输入数据正确性	6	13	20				
成果计算正确性	6	13	20				
总分	100						
教师签字：				年 月 日		得分	

七、作业

写出利用本节软件计算极坐标的步骤。

任务二 平曲线计算

一、任务告知

1. 任务描述

公路施工中需要进行恢复定线，进行恢复定线的传统方法是支距法和偏角法，当采用计算器进行数据计算时需要时间比较长，而且不直观。而采用Excel计算可以节省大量的时间。

2. 教学目标

通过本任务的学习，应达到以下要求：
（1）掌握Excel曲线要素的计算方法；
（2）掌握Excel偏角法测设方法；
（3）掌握Excel切线支距法测设方法。

3. 内容结构

本任务的内容结构，如图2-2-1所示。

Excel 在工程中的应用

图 2-2-1 内容结构

二、任务导入

对于施工单位,平曲线计算主要是对设计方案的恢复计算和校核,偏角法和切线支距法可以用于低等级公路的平曲线测设,并为高等级公路平曲线放样数据计算提供支撑。

1. 曲线要素的计算

以单交点平曲线为例,如图 2-2-2 所示,只设一个 JD 点的平曲线称为单交点平曲线,主要计算要素已经给定,但是为方便进行平曲线的计算,下面先进行复习。

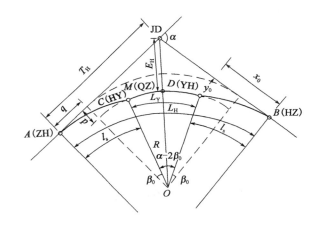

图 2-2-2 带缓和曲线的曲线要素

(1)曲线要素的计算

已知条件:JD 桩号、半径 R、偏角 PJ、缓和曲线 l_s。

求解:切线长 T_H,曲线长 L_H,外距 E_H,切曲差 D_H 以及 ZH、HY、QZ、YH、HZ。

计算公式如下:

内移值

$$p = \frac{l_s^2}{24R} \tag{2-2-1}$$

切线增长值

$$q = \frac{l_s}{2} - \frac{l_s^2}{240R^2} \tag{2-2-2}$$

切线长

$$T_H = (R+p)\tan\frac{\alpha}{2} + q \tag{2-2-3}$$

曲线长
$$L_H = R(\alpha - 2\beta_0)\frac{\pi}{180°} + 2l_s \tag{2-2-4}$$

或者
$$L_H = R\alpha\frac{\pi}{180°} + l_s \tag{2-2-5}$$

圆曲线长
$$L_Y = R(\alpha - 2\beta_0)\frac{\pi}{180°} \tag{2-2-6}$$

外距
$$E_H = (R+p)\sec\frac{\alpha}{2} - R \tag{2-2-7}$$

切曲差
$$D_H = 2T_H - L_H \tag{2-2-8}$$

(2) 曲线主点里程计算

根据交点的里程和曲线测要素，计算主点里程，公式如下：

直缓点
$$ZH = JD - T_H \tag{2-2-9}$$

缓圆点
$$HY = ZH - l_s \tag{2-2-10}$$

曲中点
$$QZ = HZ - \frac{L_H}{2} \tag{2-2-11}$$

圆缓点
$$YH = HY + L_Y \tag{2-2-12}$$

缓直点
$$HZ = YH + l_s \tag{2-2-13}$$

交点
$$JD = QZ + \frac{D_H}{2} \tag{2-2-14}$$

2. 圆曲线带有缓和曲线的测设方法

(1) 偏角法

可将经纬仪置于 ZH 或 HZ 点测设缓和曲线上各点。如图2-2-3所示，设缓和曲线上任意一点 P 的偏角为 δ，至 ZH 或 HZ 点的曲线长为 l，其弦近似与曲线长相等，亦为 l。由直角三角形可得：

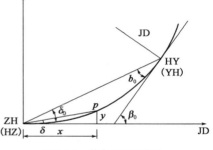

图 2-2-3　偏角法测设曲线

$$\sin\delta = \frac{y}{l} \tag{2-2-15}$$

δ 很小,则 $\sin\delta \approx \delta$。顾及 $y = \frac{l^3}{6Rl_s}$,则有:

$$\delta = \frac{l^2}{6Rl_s} \tag{2-2-16}$$

HY 或 YH 点的偏角为缓和曲线的总偏角。将 $l = l_s$ 代入

$$\delta = \frac{l^2}{6Rl_s}$$

得

$$\delta_0 = \frac{l_s}{6R}$$

因

$$\beta_0 = \frac{l_s}{2R}$$

则有

$$\delta_0 = \frac{1}{3}\beta_0$$

将 $\delta = \frac{l^2}{6Rl_s}$ 与式 $\delta_0 = \frac{1}{3}\beta_0$ 相比,得偏角法计算公式为:

$$\delta = \left(\frac{l}{l_s}\right)^2 \times \delta_0 = \left(\frac{l}{l_s}\right)^2 \times \frac{1}{3} \times \beta_0 \tag{2-2-17}$$

由式(2-2-17)可知,缓和曲线上任一点的偏角,与该点至缓和曲线起点的曲线长的平方成正比。圆曲线上各点的测设需将仪器迁至 HY(或 YH)点上进行。这时,只要定出 HY 或 YH 点的切线方向(与前面所讲的无缓和曲线的圆曲线的测设方法一样),这里需计算出 b_0。如图 2-2-3 所示,显然

$$b_0 = \beta_0 - \delta_0 = 3\delta_0 - \delta_0 = 2\delta_0 = \frac{2}{3} \times \beta_0 \tag{2-2-18}$$

测设时,将仪器置于 HY 点上,瞄准 ZH 点,水平度盘配置在 b_0(当曲线右转时,配置在 360° − b_0 处),旋转照准部使水平度盘读数为 00°00′00″并倒镜,此时视线方向即为 HY 点的切线方向。

圆曲线偏角的计算公式为:

$$\delta = 28.6479 \times \frac{l}{R} = \frac{180}{\pi} \times \frac{l}{2R} \tag{2-2-19}$$

式中:l——待测点至 HY 或 YH 点的距离;
R——圆曲线的半径。

(2)切线支距法

切线支距法是以直缓点 ZH 或缓直点 HZ 为坐标原点,以切线为 x 轴,过原点的半径为 y 轴,利用缓和曲线和圆曲线上各点的 x 和 y 坐标测设曲线。

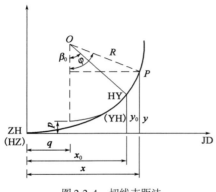

图 2-2-4 切线支距法

如图 2-2-4 所示,曲线上各点的坐标用下列公式

计算。

①缓和曲线范围内

$$x = l - \frac{l^5}{40R^2 l_s^2} \tag{2-2-20}$$

$$y = \frac{l^3}{6R l_s} - \frac{l^7}{336 R^3 l_s^3} \tag{2-2-21}$$

②圆曲线范围内

$$x = R\sin\varphi + q \tag{2-2-22}$$

$$y = R(1 - \cos\varphi) + p \tag{2-2-23}$$

$$\varphi = \frac{2l - l_s}{2R} \times \frac{180}{\pi} \tag{2-2-24}$$

式中：l——测点至 ZH 或 HZ 的曲线长；

l_s——缓和曲线长。

三、技能操练

1. 编写平曲线要素的计算程序

根据上面介绍的专业知识，用如下流程进行计算。

(1)编写计算表格(图 2-2-5)

	A	B	C	D	E	F	G	H	I	J	K	L	M	N	O	P	Q
1	已知条件				角度换算	参数		曲线要素				曲线主点					验证
2	JD桩号	半径R	缓和曲线LS	曲线偏角PJ	计算偏角	内移植P	切线增长Q	切线长T	曲线长L	外距E	切曲差D	直缓ZH	缓圆HY	曲中QZ	圆缓YH	缓直HZ	JD桩号
3																	
4																	
5																	

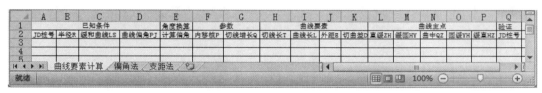

图 2-2-5　计算表格

(2)输入已知计算数据(第一个计算单元，图 2-2-6)

	A	B	C	D	E	F	G	H	I	J	K	L	M	N	O	P	Q
1	已知条件				角度换算	参数		曲线要素				曲线主点					验证
2	JD桩号	半径R	缓和曲线LS	曲线偏角PJ	计算偏角PJ	内移植P	切线增长Q	切线长T	曲线长L	外距E	切曲差D	直缓ZH	缓圆HY	曲中QZ	圆缓YH	缓直HZ	JD桩号
3	1500	500	50	15.2315													

图 2-2-6　输入已知数据

输入 JD 桩号：1500(不能输入 K1 +500，Excel 计算过程采用数值计算)。

半径 R：500。

缓和曲线长度 LS：50。

偏角 PJ：15°23′15″(输入过程中为 15.2315)。

(3)计算(图 2-2-7)

角度换算：在 E3 单元格中编写(Excel 中角度的计算采用弧度)“ = RADIANS(INT(D3) + INT((D3 − INT(D3)) * 100)/60 + ((D3 * 100 − INT(D3 * 100)) * 100)/3600)”。

其中：RADIANS——将角度转化为弧度的函数；

Int——向下取整；

D3——单元格编号。

内移值:在 F3 单元格中编写“=ROUND(C3^2/24/B3,3)”。

切线增长值:在 G3 单元格中编写“=ROUND(C3/2-C3^3/240/B3/B3,3)”。

切线长 T:在 H3 单元格中编写“=ROUND((B3+F3)*TAN(E3/2)+G3,3)”。

曲线长 L:在 I3 单元格中编写“=ROUND(B3*E3+C3,3)”。

外距 E:在 J3 单元格中编写“=ROUND((B3+F3)/COS(E3/2)-B3,3)”。

切曲差 D:在 D3 单元格中编写“=2*H3-I3”。

直缓点 ZH:在 L3 单元格中编写“=A3-H3”。

缓圆点 HY:在 M3 单元格中编写“=L3+C3”。

曲中点 QZ:在 N3 单元格中编写“=L3+I3/2”。

圆缓点 YH:在 O3 单元格中编写“=L3+I3-C3”。

缓直点 HZ:在 P3 单元格中编写“=L3+I3”。

验证 JD 桩号(结果为 0 则表明计算准确):在 Q3 单元格中编写=N3+K3/2-A3。

计算结果如图 2-2-7 所示。

已知条件				角度换算	参数		曲线要素				曲线主点					验证
JD桩号	半径R	缓和曲线LS	曲线偏角PJ	计算偏角PJ	内移植P	切线增长Q	切线长T	曲线长L	外距E	切曲差D	直缓ZH	缓圆HY	曲中QZ	圆缓YH	缓直HZ	JD桩号
3000	350	45	15.2315	0.26856254	0.241	22.497	69.813	138.997	3.423	0.629	2930.2	2975.2	2999.7	3024.2	3069.2	0

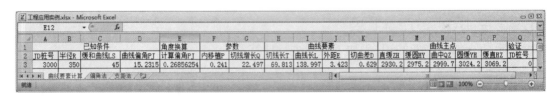

图 2-2-7　计算结果显示

(4)选中单元格进行公式填充

选中 F3~Q9 区域后按 Ctrl+D 进行公式填充,单元格中会出现错误,可以不必理会,如图 2-2-8 所示。

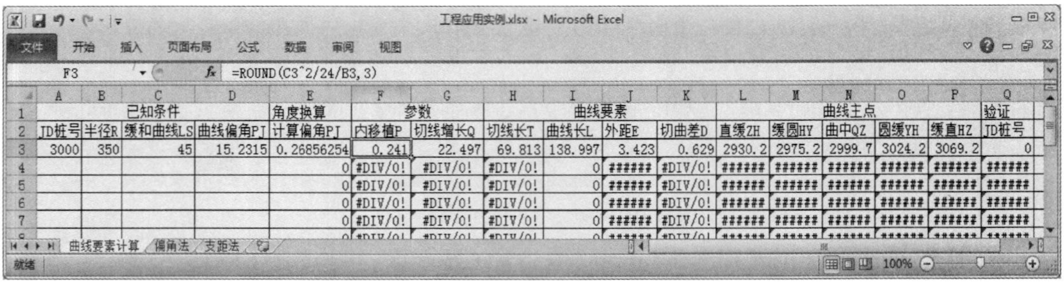

已知条件				角度换算	参数		曲线要素				曲线主点					验证
JD桩号	半径R	缓和曲线LS	曲线偏角PJ	计算偏角PJ	内移植P	切线增长Q	切线长T	曲线长L	外距E	切曲差D	直缓ZH	缓圆HY	曲中QZ	圆缓YH	缓直HZ	JD桩号
3000	350	45	15.2315	0.26856254	0.241	22.497	69.813	138.997	3.423	0.629	2930.2	2975.2	2999.7	3024.2	3069.2	0
				0	#DIV/0!	#DIV/0!	#DIV/0!	0	######	#DIV/0!	######	######	######	######	######	######
				0	#DIV/0!	#DIV/0!	#DIV/0!	0	######	#DIV/0!	######	######	######	######	######	######
				0	#DIV/0!	#DIV/0!	#DIV/0!	0	######	#DIV/0!	######	######	######	######	######	######
				0	#DIV/0!	#DIV/0!	#DIV/0!	0	######	#DIV/0!	######	######	######	######	######	######

图 2-2-8　填充结果

(5)填写其他计算单元已知条件

填写已知条件 JD 桩号、半径 R、缓和曲线长度 LS、曲线偏角 PJ,就可以计算出相应的曲线要素和主点桩号,如图 2-2-9 所示。

2. 编写偏角法曲线敷设数据计算表格

根据上面介绍的专业知识,按如下流程进行计算。

(1)编写偏角法计算表格

编写偏角法计算表格见图 2-2-10。

图 2-2-9　计算结果

图 2-2-10　偏角法计算表格

（2）数据填写

引用曲线要素计算表中的数据，填写支距法中的已知数据，具体编写方法如下。

①已知条件

DJ 桩号：在单元格 B4 中编写"＝曲线要素计算！A3"，选定该单元格，将鼠标移到右下角，待出现"＋"，然后向右拉动，直到 E4 单元格。

②主点桩号

直缓 ZH：在单元格 F4 中编写"＝曲线要素计算！L3"，选定该单元格，将鼠标移到右下角，待出现"＋"，然后向右拉动，直到 J4 单元格。

③变量

内移值 P：在单元格 K4 中编写"＝曲线要素计算！F3"，选定该单元格，将鼠标移到右下角，待出现"＋"，然后向右拉动，直到 L4 单元格。

④曲线要素（用以查看相应的计算结果）

切线长 T：在单元格 M4 中编写"＝曲线要素计算！H3"，选定该单元格，将鼠标移到右下角，待出现"＋"，然后向右拉动，直到 P4 单元格。

数据输入的结果，如图 2-2-11 所示。

（3）根据曲线计算方法编写表中计算过程

①桩号 ZH—HY 段

在单元格 A7 中编写"＝F4"。

图 2-2-11 数据输入结果

在单元格 A8 中编写：

"=IF(INT(A7/10+0.5)*10>A7,INT(A7/10+0.5)*10,INT(A7/10)*10+5)"

在单元格 A9 中编写：

"=IF($G$4-A8=0,"结束",IF($G$4-A8<$A$4,$G$4,A8+$A$4))"

在单元格 B8 中编写"=A8-A7"。

注意：INT 和 ROUND 函数的作用是保留小数点后的位数,计算函数不同,但是计算结果相同,可根据自身习惯进行编写。

在单元格 B9 中编写"=A9-A8"。

在单元格 C8 中编写(输出格式为度分秒的格式)：

"=INT(DEGREES((A8-$A$7)^2/6/$C$4/$D$4))&"°"&INT((DEGREES((A8-$A$7)^2/6/$C$4/$D$4)-INT(DEGREES((A8-$A$7)^2/6/$C$4/$D$4)))*60)&"'"&INT(((DEGREES((A8-$A$7)^2/6/$C$4/$D$4)-INT(DEGREES((A8-$A$7)^2/6/$C$4/$D$4)))*60-INT((DEGREES((A8-$A$7)^2/6/$C$4/$D$4)-INT(DEGREES((A8-$A$7)^2/6/$C$4/$D$4)))*60))*60+0.5)&""""。

在单元格 C9 中编写(输出格式为度分秒的格式)：

"=INT(DEGREES((A9-$A$7)^2/6/$C$4/$D$4))&"°"&INT((DEGREES((A9-$A$7)^2/6/$C$4/$D$4)-INT(DEGREES((A9-$A$7)^2/6/$C$4/$D$4)))*60)&"'"&INT(((DEGREES((A9-$A$7)^2/6/$C$4/$D$4)-INT(DEGREES((A9-$A$7)^2/6/$C$4/$D$4)))*60-INT((DEGREES((A9-$A$7)^2/6/$C$4/$D$4)-INT(DEGREES((A9-$A$7)^2/6/$C$4/$D$4)))*60))*60+0.5)&""""。

选定第 9 行 A、B、C 单元格,将鼠标移到右下角,待出现"+"后向下拉动,直到 A 单元格出现"结束"为止。

②桩号 ZH—QZ 段

在单元格 D7 中编写"=G4"。

在单元格 D8 中编写：

"=IF(INT(D7/10+0.5)*10>D7,INT(D7/10+0.5)*10,INT(D7/10)*10+5)"。

在单元格 D9 中编写：

"=IF($H$4-D8=0,"结束",IF($H$4-D8<$A$4,$H$4,D8+$A$4))"。

在单元格 E8 中编写"=D8-D7"。

在单元格 E9 中编写"=D9-D8"。

在单元格 F8 中编写(输出格式为度分秒的格式)：

"=INT(DEGREES((D8-\$G\$4)/2/\$C\$4))&"°"&INT((DEGREES((D8-\$G\$4)/2/\$C\$4))-INT(DEGREES((D8-\$G\$4)/2/\$C\$4)))*60)&"'"&INT(((DEGREES((D8-\$G\$4)/2/\$C\$4)-INT(DEGREES((D8-\$G\$4)/2/\$C\$4)))*60-INT((DEGREES((D8-\$G\$4)/2/\$C\$4)-INT(DEGREES((D8-\$G\$4)/2/\$C\$4)))*60))*60+0.5)&""""。

在单元格 F9 中编写(输出格式为度分秒的格式)：

"=INT(DEGREES((D9-\$G\$4)/2/\$C\$4))&"°"&INT((DEGREES((D9-\$G\$4)/2/\$C\$4))-INT(DEGREES((D9-\$G\$4)/2/\$C\$4)))*60)&"'"&INT(((DEGREES((D9-\$G\$4)/2/\$C\$4)-INT(DEGREES((D9-\$G\$4)/2/\$C\$4)))*60-INT((DEGREES((D9-\$G\$4)/2/\$C\$4)-INT(DEGREES((D9-\$G\$4)/2/\$C\$4)))*60))*60+0.5)&""""。

选定第 9 行 D、E、F 单元格，将鼠标移到右下角，待出现"+"后向下拉动，直到 D 单元格出现"结束"为止。

③桩号 QZ—YH 段

在单元格 G7 中编写"=H4"。

在单元格 G8 中编写"=IF(INT(G7/10+0.5)*10>G7,INT(G7/10+0.5)*10,INT(G7/10)*10+5)"。

在单元格 G9 中编写"=IF(\$I\$4-G8=0,"结束",IF(\$I\$4-G8<\$A\$4,\$I\$4,G8+\$A\$4))"。

在单元格 H8 中编写"=G8-G7"。

在单元格 H9 中编写"=G9-G8"。

在单元格 I8 中编写(输出格式为度分秒的格式)：

"=INT(DEGREES((\$I\$4-G8)/2/\$C\$4))&"°"&INT((DEGREES((\$I\$4-G8)/2/\$C\$4))-INT(DEGREES((\$I\$4-G8)/2/\$C\$4)))*60)&"'"&INT(((DEGREES((\$I\$4-G8)/2/\$C\$4)-INT(DEGREES((\$I\$4-G8)/2/\$C\$4)))*60-INT((DEGREES((\$I\$4-G8)/2/\$C\$4)-INT(DEGREES((\$I\$4-G8)/2/\$C\$4)))*60))*60+0.5)&""""。

在单元格 I9 中编写(输出格式为度分秒的格式)：

"=INT(DEGREES((\$I\$4-G9)/2/\$C\$4))&"°"&INT((DEGREES((\$I\$4-G9)/2/\$C\$4))-INT(DEGREES((\$I\$4-G9)/2/\$C\$4)))*60)&"'"&INT(((DEGREES((\$I\$4-G9)/2/\$C\$4)-INT(DEGREES((\$I\$4-G9)/2/\$C\$4)))*60-INT((DEGREES((\$I\$4-G9)/2/\$C\$4)-INT(DEGREES((\$I\$4-G9)/2/\$C\$4)))*60))*60+0.5)&""""。

选定 G9:I9 区域，将鼠标移到右下角，待出现"+"后向下拉动，直到 G 单元格出现"结束"为止。

④桩号 YH—HZ 段

在单元格 J7 中编写"=I4"。

在单元格 J8 中编写

"=IF(INT(J7/10+0.5)*10>J7,INT(J7/10+0.5)*10,INT(J7/10)*10+5)"。

在单元格 J9 中编写

“=IF($J$4-J8=0,"结束",IF($J$4-J8<$A$4,$J$4,J8+$A$4))”。

在单元格 K8 中编写“=J8-J7”。

在单元格 K9 中编写“=J9-J8”。

在单元格 L8 中编写(输出格式为度分秒的格式)。

“=INT(DEGREES((J8-$J$4)^2/6/$C$4/$D$4))&"°"&INT((DEGREES((J8-$J$4)^2/6/$C$4/$D$4)-INT(DEGREES((J8-$J$4)^2/6/$C$4/$D$4)))*60)&"′"&INT(((DEGREES((J8-$J$4)^2/6/$C$4/$D$4)-INT(DEGREES((J8-$J$4)^2/6/$C$4/$D$4)))*60-INT((DEGREES((J8-$J$4)^2/6/$C$4/$D$4)-INT(DEGREES((J8-$J$4)^2/6/$C$4/$D$4)))*60))*60+0.5)&"″"”。

在单元格 L9 中编写(输出格式为度分秒的格式):

“=INT(DEGREES((J9-$J$4)^2/6/$C$4/$D$4))&"°"&INT((DEGREES((J9-$J$4)^2/6/$C$4/$D$4)-INT(DEGREES((J9-$J$4)^2/6/$C$4/$D$4)))*60)&"′"&INT(((DEGREES((J9-$J$4)^2/6/$C$4/$D$4)-INT(DEGREES((J9-$J$4)^2/6/$C$4/$D$4)))*60-INT((DEGREES((J9-$J$4)^2/6/$C$4/$D$4)-INT(DEGREES((J9-$J$4)^2/6/$C$4/$D$4)))*60))*60+0.5)&"″"”。

选定:G9:I9 区域,将鼠标移到右下角,待出现“+”后向下拉动,直到 G 单元格出现“结束”为止。

计算结果如图 2-2-12 所示。

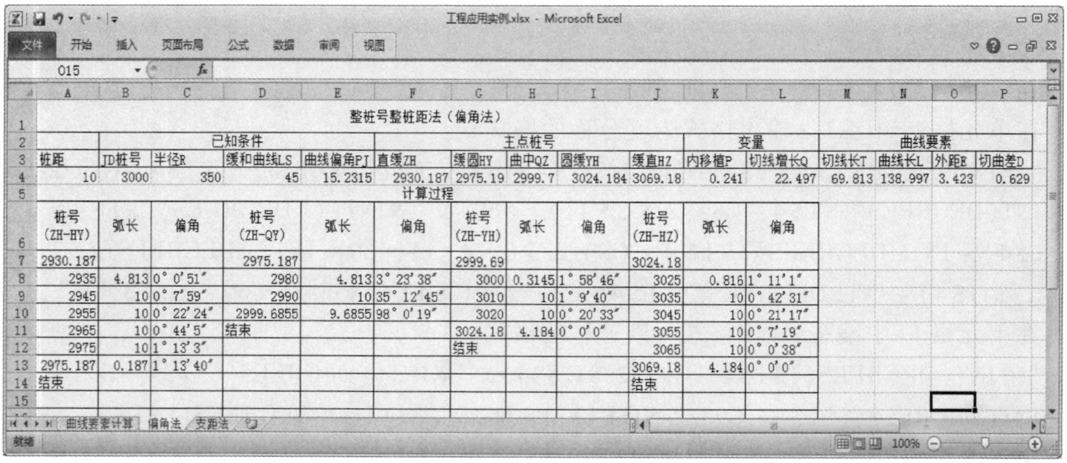

	A	B	C	D	E	F	G	H	I	J	K	L	M	N	O	P
1	整桩号整桩距法(偏角法)															
2		已知条件				主点桩号					变量		曲线要素			
3	桩距	JD桩号	半径R	缓和曲线LS	曲线偏角PJ	直缓ZH	缓圆HY	曲中QZ	圆缓YH	缓直HZ	内移植P	切线增长Q	切线长T	曲线长L	外距E	切曲差D
4	10	3000	350	45	15.2315	2930.187	2975.19	2999.7	3024.184	3069.18	0.241	22.497	69.813	138.997	3.423	0.629
5	计算过程															
6	桩号(ZH-HY)	弧长	偏角	桩号(ZH-QY)	弧长	偏角	桩号(ZH-YH)	弧长	偏角	桩号(ZH-HZ)	弧长	偏角				
7	2930.187			2975.187			2999.69			3024.18						
8	2935	4.813	0° 0′51″	2980	4.813	3° 23′38″	3000	0.3145	1° 58′46″	3025	0.816	1° 11′1″				
9	2945	10	0° 7′59″	2990	10	35° 12′45″	3010	10	1° 9′40″	3035	10	0° 42′31″				
10	2955	10	0° 22′24″	2999.6855	9.6855	98° 0′19″	3020	10	0° 20′33″	3045	10	0° 21′17″				
11	2965	10	0° 44′5″	结束			3024.18	4.184	0° 0′0″	3055	10	0° 7′19″				
12	2975	10	1° 13′3″				结束			3065	10	0° 0′38″				
13	2975.187	0.187	1° 13′40″							3069.18	4.184	0° 0′0″				
14	结束									结束						
15																

图 2-2-12 计算结果表格

将曲线要素计算和偏角法计算表格编写完成后,只要在曲线要素计算表中输入已知条件中的 JD 桩号、半径 R、缓和曲线 LS、曲线偏角 PJ,则相应的曲线要素计算和偏角法计算结果皆可算出。同时在表格中增加了一个桩距单元格,只要改变桩距中的数值,就能改变相应的桩号和相应的偏角计算结果,简化了放样过程中偏角法的数据计算。如果采用弦长放样,可按照相应公式将弧长单元格的计算改为弦长计算,具体计算自行编写。本表格曲线越长计算起来越方便。

3. 编写"支距法"放样的计算表格

根据上面介绍的专业知识,按如下步骤进行表格编写。

(1)编写计算表格(图 2-2-13)

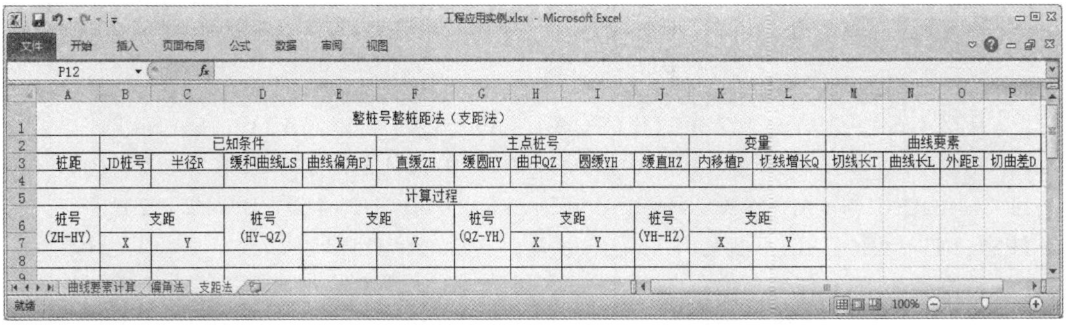

图 2-2-13 支距法表格样式

(2)填写已知数据

引用曲线要素计算表中的数据,填写支距法中的已知数据,具体编写过程如下。

①已知条件

JD 桩号:在单元格 B4 中编写"=曲线要素计算! A3",选定该单元格,将鼠标移到右下角,待出现"+"后向右拉动,直到 E4 单元格。

②主点桩号

直缓 ZH:在单元格 F4 中编写"=曲线要素计算! L3",选定该单元格,将鼠标移到右下角,待出现"+"后向右拉动,直到 J4 单元格。

③变量

内移值 P:在单元格 K4 中编写"=曲线要素计算! F3",选定该单元格,将鼠标移到右下角,待出现"+"后向右拉动,直到 L4 单元格。

④曲线要素(用以查看相应的计算结果)

切线长 T:在单元格 M4 中编写"=曲线要素计算! H3",选定该单元格,将鼠标移到右下角,待出现"+"后向右拉动,直到 P4 单元格。

编写结果如图 2-2-14 所示。

图 2-2-14 计算基本数据输入

(3)根据曲线计算方法编写在表中的计算过程

①桩号 ZH—HY 段

在单元格 A8 中编写"=F4"。

在单元格 A9 中编写"=IF(INT(A8/10+0.5)*10>A8,INT(A8/10+0.5)*10,INT(A8/10)*10+5)"。

在单元格 A10 中编写
"=IF($G$4-A9=0,"结束",IF($G$4-A9<$A$4,$G$4,A9+$A$4))"。

在单元格 B9 中编写"=INT(((A9-$A$8)-(9-$A$8)^5/40/$C$4^2)*100+0.5)/100"或"=ROUND(((A9-$A$8)-(A9-$A$8)^5/40/$C$4^2/$D$4^2),2)"。

注意：INT 和 ROUND 函数的作用是保留小数点后的位数,计算函数不同,但是计算结果相同,可根据自身习惯进行编写。

在单元格 B10 中编写"=INT(((A10-$A$8)-(A10-$A$8)^5/40/$C$4^2/$D$4^2)*100+0.5)/100"。

在单元格 C9 中编写"=ROUND(((A9-$F$4)^3/6/$C$4/$D$4),2)"。

在单元格 C10 中编写"=ROUND(((A10-$F$4)^3/6/$C$4/$D$4,2)"。

选定 A10:C10 区域,将鼠标移到右下角,待出现"+"后向下拉动,直到 A 单元格出现"结束"为止。

②桩号 HY—QZ 段

在单元格 D8 中编写"=G4"。

在单元格 D9 中编写"=IF(INT(D8/10+0.5)*10>D8,INT(D8/10+0.5)*10,INT(D8/10)*10+5)"。

在单元格 D10 中编写"=IF($H$4-D9=0,"结束",IF($H$4-D9<$A$4,$H$4,D9+$A$4))"。

在单元格 E9 中编写"=ROUND(($L$4+$C$4*SIN((2*(D9-$F$4)-$D$4)/2/$C$4)),2)"。

在单元格 E10 中编写"=ROUND(($L$4+$C$4*SIN((2*(D10-$F$4)-$D$4)/2/$C$4)),2)"。

在单元格 F9 中编写"=ROUND(($K$4+$C$4*(1-COS(((2*(D9-$F$4)-$D$4)/2/$C$4)))),2)"。

在单元格 F10 中编写"=ROUND(($K$4+$C$4*(1-COS(((2*(D10-$F$4)-$D$4)/2/$C$4)))),2)"。

选定 D10:F10 区域,鼠标移到右下角,待出现"+"后向下拉动,直到 D 单元格出现"结束"为止。

③桩号 QZ—YH 段

在单元格 G8 中编写"=H4"=H4。

在单元格 G9 中编写"=IF(INT(G8/10+0.5)*10>G8,INT(G8/10+0.5)*10,INT(G8/10)*10+5)"。

在单元格 G10 中编写"=IF($I$4-G9=0,"结束",IF($I$4-G9<$A$4,$I$4,G9+A

4))"。

在单元格 H9 中编写"= ROUND(($L$4+$C$4*SIN((2*($J$4-G9)-$D$4)/2/$C$4)),2)"。

在单元格 H10 中编写"= ROUND(($L$4+$C$4*SIN((2*($J$4-G10)-$D$4)/2/$C$4)),2)"。

在单元格 I9 中编写"= ROUND(($K$4+$C$4*(1-COS(((2*($J$4-G9)-$D$4)/2/$C$4)))),2)"。

在单元格 I10 中编写"= ROUND(($K$4+$C$4*(1-COS(((2*($J$4-G10)-$D$4)/2/$C$4)))),2)"。

选定 G10:I10 区域,将鼠标移到右下角,待出现"+"后向下拉动,直到 G 单元格出现"结束"为止。

④桩号 YH—HZ 段

在单元格 J8 中编写"= I4"

在单元格 J9 中编写"= IF(INT(J8/10+0.5)*10>J8,INT(J8/10+0.5)*10,INT(J8/10)*10+5)"。

在单元格 J10 中编写"= IF($J$4-J9=0,"结束",IF($J$4-J9<$A$4,$J$4,J9+$A$4))"。

在单元格 K9 中编写"= ROUND((($J$4-J9)-($J$4-J9)^5/40/$C$4^2/$D$4^2),2)"。

在单元格 K10 中编写"= ROUND((($J$4-J10)-($J$4-J10)^5/40/$C$4^2/$D$4^2),2)"。

在单元格 L9 中编写"= ROUND((($J$4-J9)^3/6/$C$4/$D$4-($J$4-J9)^7/336/$C$4^3/$D$4^3),2)"。

在单元格 L10 中编写"= ROUND((($J$4-J10)^3/6/$C$4/$D$4-($J$4-J10)^7/336/$C$4^3/$D$4^3),2)"。

选定第 10 行 J、K、L 单元格,将鼠标移到右下角,待出现"+"后向右拉动,直到 J 单元格出现"结束"为止。

具体计算结果如图 2-2-15 所示。

将曲线要素计算和支距法计算表编写完成后,只要在曲线要素计算表中输入已知条件中的 JD 桩号、半径 R、缓和曲线 LS、曲线偏角 PJ,则相应的曲线要素和支距法计算结果皆可自动算出。同时,在表格中增加了一个桩距单元格,只要改变桩距的数值,就能改变相应的桩号和相应的支距计算结果,简化了放样过程中支距法的数据计算,且曲线越长计算越方便。

四、技能深化

(1)角度单位问题。在平曲线要素计算、切线支距法计算中用到了很多三角函数,Excel 中的角度单位为弧度,这与计算器计算有很大区别,对于没有编程基础的人员,要特别注意角度单位的换算。

(2)本任务用到的公式相对复杂,虽然采用直接引用单元格的方法编程方法简单,但是程序可读性不好，可以考虑用定义名称的方法，这样能够提高程序的可读性。例如，切线增长值 q 用表格单元格定义为"= C3/2-C3^3/240/B3/B3"，与原来 $q = \dfrac{l_s}{2} - \dfrac{l_s^3}{240R^2}$ 相去甚远，采用定义名称的方法，把 45 定义为"ls"，把 350 定义为"R"，在 q 的单元格中输入"= ls/2 – ls^3/240/R^2"，这样计算的过程一目了然。但是这样做只对单行数据计算有意义，多行计算时，这样反而不方便；当然，如果有必要，也可以用自定义函数方法来完成，希望读者在实际使用时自己体会。

桩距	JD桩号	半径R	缓和曲线LS	曲线偏角PJ	直缓ZH	缓圆HY	曲中QZ	圆缓YH	缓直HZ	切线增长Q	变量
5	3000	350	45	15.2315	2930.187	2975.187	2999.6855	3024.184	3069.184	0.241	22.497

（整桩号整桩距法（支距法），已知条件 / 主点桩号 / 变量；计算过程）

桩号(ZH-HY)	支距 x	支距 y	桩号(HY-QZ)	支距 x	支距 y	桩号(QZ-YH)	支距 x	支距 y	桩号(YH-HZ)	支距 x	支距 y
2930.187			2975.187			2999.6855			3024.184		
2935	4.81	0	2980	49.78	1.31	3000	69.04	3.35	3025	44.17	0.91
2940	9.81	0.01	2985	54.76	1.73	3005	64.08	2.72	3030	39.17	0.64
2945	14.81	0.03	2990	59.74	2.23	3010	59.11	2.16	3035	34.18	0.42
2950	19.81	0.08	2995	64.71	2.8	3015	54.14	1.67	3040	29.18	0.26
2955	24.81	0.16	2999.6855	69.35	3.39	3020	49.16	1.26	3045	24.18	0.15
2960	29.81	0.28	结束			3024.184	44.98	0.96	3050	19.18	0.07
2965	34.81	0.45				结束			3055	14.18	0.03
2970	39.8	0.67							3060	9.18	0.01
2975	44.79	0.95							3065	4.18	0
2975.187	44.98	0.96							3069.184	0	0
结束									结束		

图 2-2-15　计算结果

（3）本任务中大量用到了弧度转化为度分秒的转化公式，公式长度很长也很复杂，可以采用自定义函数的方法来完成。

五、技能归纳

本任务的学习关键是计算方法的熟练掌握，所以以练习计算过程为重点，具体的解题步骤如下：

1. 已知条件

平曲线已知条件 JD 桩号、半径 R、缓和曲线 LS、曲线偏角 PJ。

2. 计算曲线要素

输入 JD 桩号、半径 R、缓和曲线 LS、曲线偏角 PJ 四个原始数据，就可以得到计算结果。

3. 计算

根据需要选择桩距（有 20m、10m、5m），用支距法和偏角法进行曲线敷设的数据计算。

4.参考计算结果

计算结果经过检查复核后,可以用于实际放样。

六、考核评价

1.学生自我评价

(1)此次操练是否顺利?
(2)若不顺利,请列出遇到的问题。
(3)分析出现问题的原因,并提出修正方案。
(4)您认为还需加强哪些方面的指导?

2.学习任务评价表(表2-2-1)

学习任务评价表　　　　表2-2-1

考核项目	分数			学生自评	小组互评	教师评价	小计
	差	中	好				
团队合作精神	6	13	20				
活动参与是否积极	6	13	20				
平曲线计算	6	13	20				
偏角法计算	6	13	20				
切线支距法计算	6	13	20				
总分	100						
教师签字:				年　月　日		得分	

七、作业

利用表2-2-2的数据完成平曲线计算、曲线部分5m整桩号的偏角法和切线支距法放样数据计算。

已知工程数据　　　　表2-2-2

JD桩号	半径R	缓和曲线LS	曲线偏角PJ
3000	350	45	33.4552

任务三　中线逐桩坐标计算

一、任务告知

1.任务描述

公路施工中需要进行恢复中线,而进行恢复中线基于全站仪和RTK的高等级公路施工放样法的依据是待放样点的逐桩坐标,当采用计算器进行数据计算对需要的时间比较长、易出错、不直观。采用 Excel 软件计算可以节省大量的时间、提高计算质量,从而提高了工作效率。

2. 教学目标

通过本任务的学习,应达到以下要求:

(1)掌握 Excel 从其他工作簿调用数据的方法;

(2)掌握 Excel 直角坐标计算方法;

(3)掌握 Excel 平曲线部分坐标计算方法。

3. 内容结构

本次任务的内容结构,如图 2-3-1 所示。

图 2-3-1 内容结构

二、任务导入

对于施工单位,中线坐标计算主要就是对设计方案给定桩号的加密,以满足施工的要求。

如图 2-3-2 所示,交点 JD 的坐标为 X_{JD}、Y_{JD} 且已经测定(采用纸上定线可在地形图上量取),路线导线的坐标方位角 A(为区别于路线转角)和边长 s 按坐标反算求得。选定各圆曲线半径 R 和缓和曲线长度 l_s 后,根据给定的里程桩号,按下述方法即可算出相应的坐标值 X 和 Y。

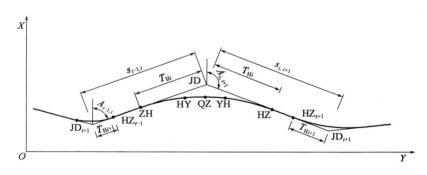

图 2-3-2 中桩计算坐标系

相邻两交点的坐标增量为

$$\Delta x = x_{i+1} - x_i, \quad \Delta y = y_{i+1} - y_i$$

两交点间距离为

$$s_i = \sqrt{\Delta x^2 + \Delta y^2}$$

导线象限角

$$A = \sin^{-1}\left(\frac{|\Delta y|}{S_i}\right)$$

导线边方位角

$$\mathrm{FW}_i = \begin{cases} A(\Delta x \geqslant 0, \Delta y \geqslant 0) \\ 180 - A(\Delta x \leqslant 0, \Delta y \geqslant 0) \\ 180 + A(\Delta x \leqslant 0, \Delta y \leqslant 0) \\ 360 - A(\Delta x \geqslant 0, \Delta y \leqslant 0) \end{cases}$$

路线偏角

$$\mathrm{PJ}_i = \mathrm{FW}_i - \mathrm{FW}_{i-1}$$

1. 直线部分即 HZ 点(包括路线起点)至 ZH 点之间的中桩坐标计算

如图 2-3-2 所示,$\mathrm{HZ}_{i-1} \sim \mathrm{ZH}_i$ 段为直线,桩点的坐标按下式计算:

$$X_i = X_{\mathrm{HZ}i-1} + D_i \cos A_{i-1,i} = X_{\mathrm{HZ}i-1} + D_i \times \frac{\Delta x}{s_i}$$

$$Y_i = Y_{\mathrm{HZ}i-1} + D_i \sin A_{i-1,i} = Y_{\mathrm{HZ}i-1} + D_i \times \frac{\Delta y}{s_i}$$

式中: $A_{i-1,i}$——路线导线 JD_{i-1} 至 JD_i 的坐标方位角;

D_i——桩点至 HZ_{i-1} 点的距离,即桩点里程与 HZ_{i-1} 点的里程之差;

$X_{\mathrm{HZ}i-1}$、$Y_{\mathrm{HZ}i-1}$——HZ_{i-1} 点的坐标,由下式计算:

$$X_{\mathrm{HZ}i-1} = X_{\mathrm{JD}i-1} + T_{\mathrm{H}i-1} \cos A_{i-1,i} + T$$

$$Y_{\mathrm{HZ}i-1} = Y_{\mathrm{JD}i-1} + T_{\mathrm{H}i-1} \sin A_{i-1,i} + T$$

式中:$X_{\mathrm{JD}i-1}$、$Y_{\mathrm{JD}i-1}$——交点 JD_{i-1} 的坐标;

$T_{\mathrm{H}i-1}$——切线长。

ZH 点为直线的终点,除可按上式计算外,亦可按下式计算:

$$X_{\mathrm{ZH}i} = X_{\mathrm{JD}i-1} + (S_{i-1,i} - T_{\mathrm{H}i}) \cos A_{i-1,i}$$

$$Y_{\mathrm{ZH}i} = Y_{\mathrm{JD}i-1} + (S_{i-1,i} - T_{\mathrm{H}i}) \sin A_{i-1,i}$$

式中:$S_{i-1,i}$——路线导线 JD_{i-1} 的边长。

2. 曲线部分即 ZH 点至 HZ 点之间的中桩坐标计算

本部分介绍的曲线坐标计算采用坐标转换法。

用坐标转换法计算中桩大地坐标时,可以根据切线支距法原理将整个曲线分为两部分,即 ZH—QZ 和 QZ—HZ。

(1)ZH—QZ 的计算公式

$$X = X_0 + x\cos\theta_{i-1} - cy\sin\theta_{i-1}$$

$$Y = Y_0 + x\sin\theta_{i-1} + cy\cos\theta_{i-1}$$

式中:x、y——支距法计算中的局部坐标系中的坐标;

X_0、Y_0——ZH_i 的大地坐标;

c——反映路线转向参数,右偏取 $c=1$,左偏取 $c=-1$;

θ_{i-1}——导线方位角。

(2) QZ—HZ 的计算公式

$$X = X_0 + x\cos(\pi + \theta_i) + cy\sin(\pi + \theta_i)$$
$$Y = Y_0 + x\sin(\pi + \theta_i) - cy\cos(\pi + \theta_i)$$

式中：x、y——支距法计算中的局部坐标系中的坐标；

X_0、Y_0——ZH_i 的大地坐标；

c——反映路线转向参数，右偏取 $c = 1$，左偏取 $c = -1$；

θ_i——导线方位角。

三、技能操练

1. 曲线要素计算

根据上面介绍的专业知识，按如下流程进行 Excel 的计算。

(1) 编写计算表格

计算曲线要素表格，如图 2-3-3 所示。

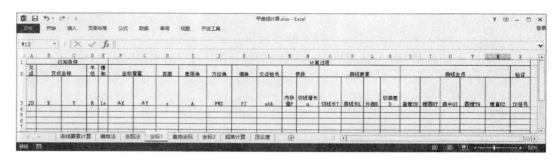

图 2-3-3　计算曲线要素表格

(2) 编写相应的计算公式

① 坐标增量计算

在单元格 F5 中编写 "= B5 – B4"。

在单元格 G5 中编写 "= C5 – C4"。

选定 5 行 F、G 单元格，将鼠标移到右下角，待出现 "+"，后向下拉动。

② 距离计算

在单元格 H5 中编写 "=（F5^2 + G5^2）^0.5"。

③ 象限角计算

在单元格 I5 中编写 "= ASIN(ABS(G5)/H5)"。

在单元格 I6 中编写 "= ASIN(ABS(G6)/H6)"。

④ 方位角计算

在单元格 J5 中编写 "= IF(AND(F5 > =0,G5 > =0),DEGREES(I5),IF(AND(F5 < =0,G5 > =0),DEGREES(PI( ) – I5),IF(AND(F5 < =0,G5 < =0),DEGREES(PI( ) + I5),IF(AND(F5 > =0,G5 < =0),DEGREES(2 * PI( ) – I5)))))"。

在单元格 J6 中编写 "= IF(AND(F6 > =0,G6 > =0),DEGREES(I6),IF(AND(F6 < =0,G6 > =0),DEGREES(PI( ) – I6),IF(AND(F6 < =0,G6 < =0),DEGREES(PI( ) + I6),IF

$(AND(F6>=0,G6<=0),DEGREES(2*PI()-I6))))))$"。

⑤偏角计算

在单元格 K5 中编写"=J6-J5"。

⑥交点桩号

在单元格 L5 中编写"=ROUND(L4+H5,3)"。

在单元格 L6 中编写"=W5+H6-O5"。

⑦参数计算

内移 p 值:在单元格 M5 中编写"=ROUND(E5^2/24/D5,3)"。

切线增长 q:在单元格 N5 中编写"=ROUND(E5/2-E5^3/240/D5^2,3)"。

⑧曲线要素计算

切线长 T:在单元格 O5 中编写"=ROUND((D5+M5)*TAN(RADIANS(ABS(K5))/2)+N5,3)"。

曲线长 L:在单元格 P5 中编写"=ROUND(RADIANS(ABS(K5))*D5+E5,3)"。

外距长 E:在单元格 Q5 中编写"=ROUND((D5+M5)/COS(RADIANS(K5)/2)-D5,3)"。

切曲差 D:在单元格 R5 中编写"=ROUND(2*O5-P5,3)"。

⑨曲线主点桩号计算

直缓 ZH:在单元格 S5 中编写"=ROUND(L5-O5,3)"。

缓圆 HY:在单元格 T5 中编写"=ROUND(S5+E5,3)"。

曲中 QZ:在单元格 U5 中编写"=ROUND(S5+P5/2,3)"。

圆缓 YH:在单元格 V5 中编写"=ROUND(S5+P5-E5,3)"。

缓直 HZ:在单元格 W5 中编写"=ROUND(V5+E5,3)"。

⑩交点桩号验证

在单元格 X5 中编写"=ROUND(U5+R5/2,3)"。

计算结果如图 2-3-4 所示。

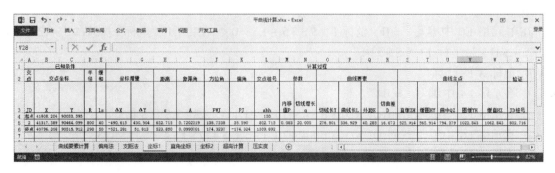

图 2-3-4 计算结果

2.直线坐标的计算(计算某交点两侧直线段的坐标)

(1)编写表格

根据上述理论内容,编写如图 2-3-5 所示计算表格。

Excel在工程中的应用

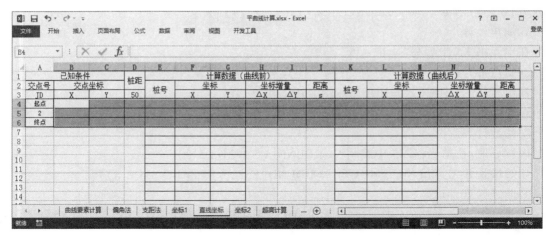

图2-3-5 直线段坐标计算

（2）编写计算过程

①已知条件

坐标 X：在单元格 B4 中编写"=坐标1！B4"。

坐标 X：在单元格 B5 中编写"=坐标1！B5"。

坐标 X：在单元格 B6 中编写"=坐标1！B6"。

坐标 Y：在单元格 C4 中编写"=坐标1！C4"。

坐标 Y：在单元格 C5 中编写"=坐标1！C5"。

坐标 Y：在单元格 C6 中编写"=坐标1！C6"。

②编写计算数据（曲线前）

A. 桩号

在单元格 E4 中编写"=坐标1！L4"。

在单元格 E5 中编写"=IF(INT(E4/10+0.5)*10>E4,INT(E4/10+0.5)*10,INT(E4/10)*10+5)"。

在单元格 E6 中编写"=IF(坐标1！\$S\$5-E5=0,"结束",IF(坐标1！\$S\$5-E5>\$D\$3,E5+\$D\$3,坐标1！\$S\$5))"。

B. 坐标 X 的计算

在单元格 F4 中编写"=B4"。

在单元格 F5 中编写"=ROUND(\$F\$4+(E5-E4)/\$J\$4*\$H\$4,3)"。

在单元格 F6 中编写"=ROUND(\$F\$4+(E6-\$E\$4)/\$J\$4*\$H\$4,3)"。

C. 坐标 Y 的计算

在单元格 G4 中编写"=C4"。

在单元格 G5 中编写"=ROUND(\$G\$4+(E5-E4)/\$J\$4*\$I\$4,3)"。

在单元格 G6 中编写"=ROUND(\$G\$4+(E6-\$E\$4)/\$J\$4*\$I\$4,3)"。

D. 坐标增量

ΔX：在单元格 H4 中编写"=B5-B4"。

ΔY：在单元格 I4 中编写“ = C5 − C4”。

E. 距离 s

s：在单元格 J4 中编写“ = ROUND((H4^2 + I4^2)^0.5,3)”。

③编写计算数据(曲线后)

A. 桩号

在单元格 K4 中编写“ = 坐标 1！ W5”。

在单元格 K5 中编写“ = IF(INT(k4/10 + 0.5) * 10 > K4,INT(K4/10 + 0.5) * 10,INT(K4/10) * 10 + 5)”。

在单元格 K6 中编写“ = IF(坐标 1！ $L$6 − K5 = 0,"结束",IF(坐标 1！ $L$6 − K5 > $D$3,K5 + $D$3,坐标 1！ $L$6))”。

B. 坐标 X 的计算

在单元格 L4 中编写“ = ROUND($B$5 + 坐标 1！ O5/$P$4 * $N$4,3)”。

在单元格 L5 中编写“ = ROUND($B$5 + (K5 − $K$4 + 坐标 1！ $O$5)/$P$4 * $N$4,3)”。

在单元格 L6 中编写“ = ROUND($B$5 + (K6 − $K$4 + 坐标 1！ $O$5)/$P$4 * $N$4,3)”。

C. 坐标 Y 的计算

在单元格 M4 中编写“ = ROUND($C$5 + 坐标 1！ $O$5/$P$4 * $O$4,3)”。

在单元格 M5 中编写“ = ROUND($C$5 + (K5 − $K$4 + 坐标 1！ $O$5)/$P$4 * $O$4,3)”。

在单元格 M6 中编写“ = ROUND($C$5 + (K6 − $K$4 + 坐标 1！ $O$5)/$P$4 * $O$4,3)”。

D. 坐标增量

ΔX 在单元格 N4 中编写 “ = B6 − B5”。

ΔY 在单元格 O4 中编写“ = C6 − C5”。

E. 距离 s

s 在单元格 P4 中编写“ = ROUND((N4^2 + O4^2)^0.5,3)”。

计算结果如图 2-3-6 所示。

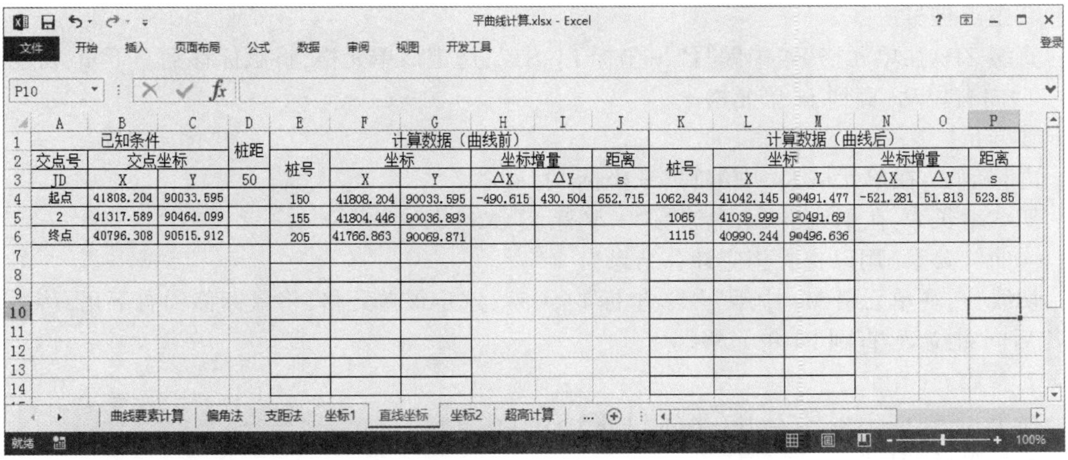

已知条件			桩距	计算数据（曲线前）						计算数据（曲线后）					
交点号	交点坐标			桩号	坐标		坐标增量		距离	桩号	坐标		坐标增量		距离
JD	X	Y	50		X	Y	ΔX	ΔY	s		X	Y	ΔX	ΔY	s
起点	41808.204	90033.595		150	41808.204	90033.595	-490.615	430.504	652.715	1062.843	41042.145	90491.477	-521.281	51.813	523.85
2	41317.589	90464.099		155	41804.446	90036.893				1065	41039.999	90491.69			
终点	40796.308	90515.912		205	41766.863	90069.871				1115	40990.244	90496.636			

图 2-3-6　计算结果(一)

选定 6 行 E,F,G(K,L,M)单元格,将鼠标移到右下角,待出现"+"后向右拉动,直到桩号单元格出现"非整数(即曲线起点或终点)"为止,如图 2-3-7 所示。

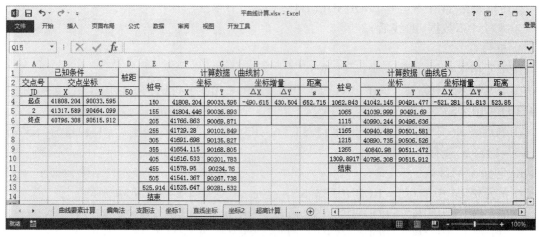

图 2-3-7 计算结果(二)

注意:编写后,只要调整桩距,即可计算直线上相应桩距的点坐标。

3. 曲线坐标计算

(1)编写表格

根据坐标转换法计算曲线坐标理论内容,编写如图 2-3-8 所示计算表格。

(2)编写相应计算公式

①已知条件

JD 桩号:在单元格 B4 中编写"=坐标1!L5"。

半径 R:在单元格 C4 中编写"=坐标1!D5"。

缓和曲线 LS:在单元格 D4 中编写"=坐标1!E5"。

曲线偏角 PJ:在单元格 E4 中编写"=RADIANS(坐标1!K5)"。

②主点桩号

直缓 ZH:在单元格 F4 中编写"=坐标1!S5",选定该单元格,将鼠标移到右下角,待出现"+"后向右拉动,直到 J4 单元格。

③变量

内移值 P:在单元格 K4 中编写"=坐标1!M5"。

切线增长 Q:在单元格 L4 中编写"=坐标1!N5"。

④曲线要素(用以查看相应计算结果)

切线长:在单元格 M4 中编写"=坐标1!O5",选定该单元格,将鼠标移到右下角,待出现"+"后向右拉动,直到 P4 单元格。

⑤参数 C

在单元格 Q4 中编写"=IF(坐标1!K5>0,1,-1)"。

⑥直缓点 ZH 坐标

坐标 X:在单元格中 A7 中编写"=直线坐标!()",( )中单元格为直线坐标中直缓点 X

的坐标。

坐标 Y：在单元格中 B7 编写" = 直线坐标！( )"，( ) 中单元格为直线坐标中直缓点 Y 的坐标。

⑦缓直点 HZ 坐标

坐标 X：在单元格中 A7 中编写" = 直线坐标！L4"。

坐标 Y：在单元格中 B7 中编写" = 直线坐标！M4"。

⑧方位角

方位角 1：在单元格 E7 中编写" = RADIANS(坐标1！J5)"。

方位角 2：在单元格 F7 中编写" = RADIANS(坐标1！J6)"。

用坐标转换法计算坐标如图 2-3-8 所示。

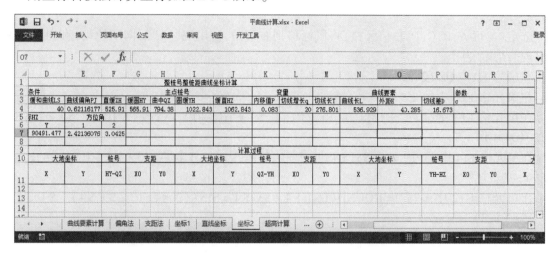

图 2-3-8　用坐标转换法计算坐标

（3）计算过程中的编写

①桩号 ZH—HY 段

在单元格 A12 中编写" = F4"。

在单元格 A13 中编写" = IF(INT(A12/10 + 0.5) * 10 > A12,INT(A12/10 + 0.5) * 10,INT(A12/10) * 10 +5)"。

在单元格 A14 中编写" = IF($G$4 - A13 =0,"结束",IF($G$4 - A13 <$A$4,$G$4,A13 +$A$4))"。

在单元格 B12 中编写" = A7"。

在单元格 B13 中编写" = ROUND(((A13 -$A$12) - (A13 -$A$12)^5/10/$C$4^2/$D$4^2),3)"。

在单元格 B14 中编写" = ROUND(((A14 -$A$12) - (A14 -$A$12)^5/10/$C$4^2/$D$4^2),3)"。

在单元格 C12 中编写" = B7"。

在单元格 C13 中编写" = ROUND((A13 -$F$4)^3/6/$C$4/$D$4,3)"。

在单元格 C14 中编写"=ROUND((A14-$F$4)^3/6/$C$4/$D$4,3)"。

在单元格 D12 中编写"=B12"。

在单元格 D13 中编写"=ROUND($B$12+B13*COS($E$7)-$Q$4*C13*SIN($E$7),3)"。

在单元格 D14 中编写"=ROUND($B$12+B14*COS($E$7)-$Q$4*C14*SIN($E$7),3)"。

在单元格 E12 中编写"=C12"。

在单元格 E13 中编写"=ROUND($C$12+B13*SIN($E$7)+$Q$4*C13*COS($E$7),3)"。

在单元格 E14 中编写"=ROUND($C$12+B14*SIN($E$7)+$Q$4*C14*COS($E$7),3)"。

选定14行A,B,C,D,E单元格,将鼠标移到右下角,待出现"+"后向下拉动,直到A单元格出现"结束"为止。

②桩号 HY—QZ 段

在单元格 F12 中编写"=G4"。

在单元格 F13 中编写"=IF(INT(F12/10+0.5)*10>F12,INT(F12/10+0.5)*10,INT(F12/10)*10+5)"。

在单元格 F14 中编写"=IF($H$4-F13=0,"结束",IF($H$4-F13<$A$4,$H$4,F13+$A$4))"。

在单元格 G12 中编写"=ROUND(($L$4+$C$4*SIN((2*(F12-$F$4)-$D$4)/2/$C$4)),3)"。

在单元格 G13 中编写"=ROUND(($L$4+$C$4*SIN((2*(F13-$F$4)-$D$4)/2/$C$4)),3)"。

在单元格 G14 中编写"=ROUND(($L$4+$C$4*SIN((2*(F14-$F$4)-$D$4)/2/$C$4)),3)"。

在单元格 H12 中编写"=ROUND(($K$4+$C$4*(1-COS(((2*(F12-$F$4)-$D$4)/2/$C$4)))),3)"。

在单元格 H13 中编写"=ROUND(($K$4+$C$4*(1-COS(((2*(F13-$F$4)-$D$4)/2/$C$4)))),3)"。

在单元格 H14 中编写(也可以从H13向下拉动鼠标得到)"=ROUND(($K$4+$C$4*(1-COS(((2*(F14-$F$4)-$D$4)/2/$C$4)))),3)"。

在单元格 I12 中编写"=ROUND($B$12+G12*COS($E$7)-$Q$4*H12*SIN($E$7),3)"。

在单元格 I13 中编写"=ROUND($B$12+G13*COS($E$7)-$Q$4*H13*SIN($E$7),3)"。

在单元格 I14 中编写(也可以从H13向下拉动鼠标得到)"=ROUND($B$12+G14*COS($E$7)-$Q$4*H14*SIN($E$7),3)"。

在单元格 J12 中编写"=ROUND($C$12+G12*SIN($E$7)+$Q$4*H12*COS(E

7),3)"。

在单元格 J13 中编写" = ROUND($C$12 + G13 * SIN($E$7) - $Q$4 * H13 * COS($E$7),3)"。

在单元格 J14 中编写(也可以从 H13 向下拉动鼠标得到)" = ROUND($C$12 + G14 * SIN($E$7) + $Q$4 * H14 * COS($E$7),3)"。

选定 14 行 F,G,H,I,J 单元格,将鼠标移到右下角,待出现"+"后向下拉动,直到 F 单元格出现"结束"为止。

③桩号 QZ—YH 段

在单元格 K12 中编写" = H4"。

在单元格 K13 中编写" = IF(INT(K12/10 + 0.5) * 10 > K12,INT(K12/10 + 0.5) * 10,INT(K12/10) * 10 + 5)"。

在单元格 K14 中编写" = IF($I$4 - K13 = 0,"结束",IF($I$4 - K13 < $A$4,$I$4,K13 + $A$4))"。

在单元格 L12 中编写" = ROUND(($L$4 + $C$4 * SIN((2 * ($J$4 - K12) - $D$4)/2/$C$4)),3)"。

在单元格 L13 中编写" = ROUND(($L$4 + $C$4 * SIN((2 * ($J$4 - K13) - $D$4)/2/$C$4)),3)"。

在单元格 L14 中编写" = ROUND(($L$4 + $C$4 * SIN((2 * ($J$4 - K14) - $D$4)/2/$C$4)),3)"。

在单元格 M12 中编写" = ROUND(($K$4 + $C$4 * (1 - COS(((2 * ($J$4 - K12) - $D$4)/2/$C$4)))),3)"。

在单元格 M13 中编写" = ROUND(($K$4 + $C$4 * (1 - COS(((2 * ($J$4 - K13) - $D$4)/2/$C$4)))),3)"。

在单元格 M14 中编写(也可以从 H13 向下拉动鼠标得到)" = ROUND(($K$4 + $C$4 * (1 - COS(((2 * ($J$4 - K14) - $D$4)/2/$C$4)))),3)"。

在单元格 N12 中编写" = ROUND($C$7 + L12 * COS($F$7 + PI()) - $Q$4 * M12 * SIN($F$7 + PI()),3)"。

在单元格 N13 中编写" = ROUND($C$7 + L13 * COS($F$7 + PI()) - $Q$4 * M13 * SIN($F$7 + PI()),3)"。

在单元格 N14 中编写(也可以从 H13 向下拉动鼠标得到)" = ROUND($C$7 + L14 * COS($F$7 + PI()) - $Q$4 * M14 * SIN($F$7 + PI()),3)"。

在单元格 O12 中编写" = ROUND($D$7 + L12 * SIN($F$7 + PI()) + $Q$4 * M12 * COS($F$7 + PI()),3)"。

在单元格 O13 中编写" = ROUND($D$7 + L13 * SIN($F$7 + PI()) + $Q$4 * M13 * COS($F$7 + PI()),3)"。

在单元格 O14 中编写(也可以从 H13 向下拉动鼠标得到)" = ROUND($D$7 + L14 * SIN($F$7 + PI()) + $Q$4 * M14 * COS($F$7 + PI()),3)"。

选定 14 行 K,L,M,N,O 单元格,将鼠标移到右下角,待出现"+"后向下拉动,直到 F 单元格出现"结束"为止。

④桩号 YH—HZ 段

在单元格 P12 中编写"= I4"。

在单元格 P13 中编写"= IF(INT(P12/10 + 0.5) * 10 > P12, INT(P12/10 + 0.5) * 10, INT(P12/10) * 10 + 5)"。

在单元格 P14 中编写"= IF(\$J\$4 – P13 = 0, "结束", IF(\$J\$4 – P13 < \$A\$4, \$J\$4, P13 + \$A\$4))"。

在单元格 Q12 中编写"= ROUND(((\$J\$4 – P12) – (\$J\$4 – P12)^5/40/\$C\$4^2/\$d\$4^2), 3)"。

在单元格 Q13 中编写"= ROUND(((\$J\$4 – P13) – (\$J\$4 – P13)^5/40/\$C\$4^2/\$d\$4^2), 3)"。

在单元格 Q14 中编写"= ROUND(((\$J\$4 – P14) – (\$J\$4 – P14)^5/40/\$C\$4^2/\$d\$4^2), 3)"。

在单元格 R12 中编写"= ROUND(((\$J\$4 – P12)^3/6/\$C\$4/\$D\$4 – (\$J\$4 – P12)^7/336/\$C\$4^3/\$D\$4^3), 3)"。

在单元格 R13 中编写"= ROUND(((\$J\$4 – P13)^3/6/\$C\$4/\$D\$4 – (\$J\$4 – P13)^7/336/\$C\$4^3/\$D\$4^3), 3)"。

在单元格 R14 中编写(也可从 H13 向下拉动鼠标得到)"= ROUND(((\$J\$4 – P14)^3/6/\$C\$4/\$D\$4 – (\$J\$4 – P14)^7/336/\$C\$4^3/\$D\$4^3), 3)"。

在单元格 S12 中编写"= ROUND(\$C\$7 + Q12 * COS(\$F\$7 + PI()) – \$Q\$4 * R12 * SIN(\$F\$7 + PI()), 3)"。

在单元格 S13 中编写"= ROUND(\$C\$7 + Q13 * COS(\$F\$7 + PI()) – \$Q\$4 * R13 * SIN(\$F\$7 + PI()), 3)"。

在单元格 S14 中编写(也可以从 H13 向下拉动鼠标得到)"= ROUND(\$C\$7 + Q14 * COS(\$F\$7 + PI()) – \$Q\$4 * R14 * SIN(\$F\$7 + PI()), 3)"。

在单元格 T12 中编写"= ROUND(\$D\$7 + Q12 * SIN(\$F\$7 + PI()) + \$Q\$4 * R12 * COS(\$F\$7 + PI()), 3)"。

在单元格 T13 中编写"= ROUND(\$D\$7 + Q13 * SIN(\$F\$7 + PI()) + \$Q\$4 * R13 * COS(\$F\$7 + PI()), 3)"。

在单元格 T14 中编写(也可从 H13 向下拉动鼠标得到)"= ROUND(\$D\$7 + Q14 * SIN(\$F\$7 + PI()) + \$Q\$4 * R14 * COS(\$F\$7 + PI()), 3)"。

选定 14 行 P、Q、R、S、T 单元格,将鼠标移到右下角,待出现"+"后向下拉动,直到 F 单元格出现"结束"为止。

坐标计算表格如图 2-3-9 所示。

注意：由于表格较大,书中不能完全表现出来,掌握基本方法即可自己编写计算过程。

四、技能深化

(1)单元格引用当前文件其他表单单元格的数据:引用数据部分多次用到类似"坐标1!

B4",其含义就是把当前文件中坐标 1 表单 B4 单元格的数据赋予当前表格,这对数据的引用十分方便,为不同表单之间的数据共享提供了一定方便。

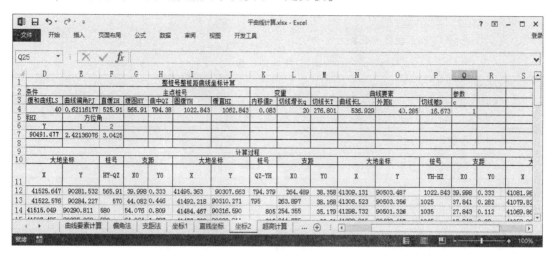

图 2-3-9　坐标计算表格

(2)直线部分坐标的计算采用了线性内插的方法,当然也可以用三角函数直接算增量,前一种方法计算时不用三角函数,后一种方法需要方位角的引入,计算工作量大;使用前一种方法时要特别注意计算单元是否对应。

(3)曲线部分计算大量用到坐标的旋转和平移,类似单元公式录入,工作量很大,建议采用自定义函数进行改进。

五、技能归纳

本任务的学习关键是对计算能力进行熟练,所以以练习计算过程为重点,具体的解题步骤如下:

(1)已知条件。主要包括起终点坐标、交点坐标、平曲线半径、缓和曲线长,见表 2-3-1。

已知工程数据　　　　　　　　　　　　　　表 2-3-1

项　目	X	Y	R	L_S
起点 K0+150	41808.204	90033.595		
JD_1	41317.589	90464.099	800	40
终点	40796.308	90515.912		

(2)计算曲线要素。

(3)计算。指定桩距(一般为 20m、10m 或 5m)的逐桩坐标。

(4)参考计算结果。计算结果经过检查复核后,可以用于实际放样。

六、考核评价

1. 学生自我评价

(1)此次操练是否顺利?

(2)若不顺利,请列出遇到的问题。
(3)分析出现问题的原因,并提出修正方案。
(4)您认为还需加强哪些方面的指导？

2.学习任务评价表(表2-3-2)

学习任务评价表　　　　　　　　　　　　　表2-3-2

考核项目	分数			学生自评	小组互评	教师评价	小计
	差	中	好				
团队合作精神	6	13	20				
活动参与是否积极	6	13	20				
平曲线计算	6	13	20				
直线部分坐标计算	6	13	20				
曲线坐标计算部分	6	13	20				
总分	100						
教师签字：				年　月　日		得分	

七、作业

利用表2-3-1的数据完成平曲线计算、曲线部分5m整桩号的大地直角坐标放样数据计算。

任务四　高程计算

一、任务告知

1.任务描述

公路施工中需要进行高程放样。如何进行高程放样？传统的方法是在路基设计表的基础上采用计算器计算,当采用计算器进行数据计算时需要的时间比较长,而且也不直观。采用Excel软件计算可以节省大量的时间。

2.教学目标

通过本任务的学习,应达到以下要求：
(1)掌握Excel竖曲线要素计算的计算方法；
(2)掌握Excel断面高程计算方法；
(3)掌握Excel超高值计算方法。

3.内容结构

本任务的内容结构,如图2-4-1所示。

图 2-4-1　内容结构

二、任务导入

对于施工单位,高程计算主要就是对纵断面设计方案的恢复计算和校核,高程的计算就是对设计上没有给出的桩号进行加密计算。

1. 竖曲线的测设

在路线纵坡变更处,为了行车平稳和视距要求,在竖直面内应以曲线衔接,这种曲线称为竖曲线。竖曲线有凸形和凹形两种,如图 2-4-2 所示为凹形。

竖曲线一般采用二次抛物线,因为在一般情况下,相邻坡度差都很小,而选用的竖曲线半径都很大,因此即使采用圆曲线等其他曲线,所得到的结果也与二次抛物线相同。

如图 2-4-2 所示,两相邻纵坡的坡度分别为 i_1 和 i_2,竖曲线半径为 R,则测设元素有竖曲线要素计算、竖曲线设计高程计算、竖曲线半径反算。

(1) 竖曲线要素计算

根据纵断面设计图或竖曲线设计图查出或计算出竖曲线(图 2-4-2)的三要素半径 R、切线长 T、外距 E,以及竖曲线起止点桩号和竖曲线范围内任意桩号竖距等数据。

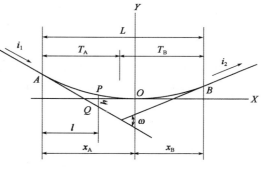

图 2-4-2　竖曲线计算图

① 竖曲线要素计算

$$\omega = i_1 - i_2 \tag{2-4-1}$$

$$T = T_A = T_B = \frac{1}{2}R|\omega| \tag{2-4-2}$$

$$L = R|\omega| \tag{2-4-3}$$

$$E = \frac{T^2}{2R} \tag{2-4-4}$$

式中:ω——转坡角,见图 2-4-1;ω 为正时为凸形竖曲线,ω 为负时为凹形竖曲线;

　　　T——竖曲线切线长;

　　　L——竖曲线长;

　　　E——外距。

② 计算竖曲线起点、终点桩号

竖曲线起点桩号 = 变坡点桩号 – 切线长 T、竖曲线终点桩号 = 变坡点桩号 + 切线长 T。进而判断中桩是否位于竖曲线范围、在哪一半竖曲线上。

③计算竖距

$$h = \frac{l^2}{2R} \tag{2-4-5}$$

式 (2-4-5) 中, l 为计算点到竖曲线起点或终点 (在计算点桩号小于转坡点时，为"计算点桩号 – 竖曲线起点桩号"；在计算点桩号大于转坡点时，为"竖曲线终点桩号 – 计算点桩号") 的路线长度, 简称横距。

(2) 竖曲线设计高程计算

①计算切线高程

切线高程 = 变坡点高程 ± |变坡点到计算点的路线长度 × 相应坡度|

注：当变坡点处于坡道的最低点时, 取 " + " 号；当变坡点处于坡道的最高点时, 取 " – " 号。

②竖曲线设计高程

设计高程 = 切线高程 ± 竖距

注：凹曲线取 " + " 号；凸曲线取 " – " 号。

(3) 竖曲线半径反算

实际设计竖曲线时, 除考虑设计指标的限制外, 竖曲线半径还要考虑线路交叉、地形、地物、旧路利用、竖曲线线形设计。

①由外距反算竖曲线半径

在设计中, 经常遇到已知转坡点位置控制竖曲线顶点 (或最低点) 位置 (高程) 的情况, 实质上就是已知外距反算竖曲线半径, 根据式 (2-4-1)、式 (2-4-2)、式 (2-4-4) 可以得到式 (2-4-6)。

$$R = \frac{T^2}{2E} = \frac{(R \cdot \omega/2)^2}{2E} = \frac{8E}{\omega^2} = \frac{8E}{(i_1 - i_2)^2} \tag{2-4-6}$$

②由切线长反算竖曲线半径

在相邻竖曲线间, 直线长度不满足要求时, 可以将其设计成复合竖曲线, 即利用切线长反算竖曲线半径, 根据式 (2-4-1)、式 (2-4-2) 可以得到式 (2-4-7)。

$$R = \frac{2T}{|\omega|} = \frac{2T}{|i_1 - i_2|} \tag{2-4-7}$$

(4) 示例

现以某工程路段为例, 介绍公路纵断面设计的相关内容。

已知：变坡点里程为 K0+335、高程为 131.609, 前坡坡度 $i_1 = 3.90/\%$, 后坡坡度 $i_2 = 0.00\%$, 竖曲线半径 $R = 1800$。K0+280、K0+320、K0+360 设计高程计算过程如下：

①计算竖曲线要素

$$\omega = i_1 - i_2 = 0.0390 - 0.000 = 0.03900 > 0, 凸形竖曲线$$

$$T = \frac{1}{2}R|\omega| = \frac{1800 \times 0.03900}{2} = 35.100\text{m}$$

$$L = R|\omega| = 1800 \times 0.03900 = 70.200\text{m}$$

$$E = \frac{T^2}{2R} = \frac{35.1^2}{2 \times 1800} = 0.342\text{m}$$

② 计算竖曲线起点、终点桩号

竖曲线起点桩号 = 变坡点桩号 − 切线长 T = (K0+335) − 35.1 = K0+299.900

竖曲线终点桩号 = 变坡点桩号 + 切线长 T = (K0+335) + 35.1 = K0+370.100

③ 计算切线高程

切线高程 = 变坡点高程 ± |变坡点到计算点的路线长度 × 相应坡度|

计算结果列于表2-4-1中。

④ 计算竖距

利用式(2-4-5)计算竖距,计算结果列于表格。

⑤ 计算竖曲线设计高程

设计高程 = 切线高程 ± 竖距

计算结果列于表2-4-1中。

竖曲线高程计算表(m)   表2-4-1

桩 号	切线高程	是否在竖曲线范围内	平距 l	竖距符号	竖距 h	设计高程
K0+280	129.464	否				129.464
K0+320	131.024	是	20.1	—	0.112	130.912
K0+360	131.609	是	10.1	—	0.028	131.581

2. 超高的计算

为抵消车辆在平曲线路段上行驶时所产生的离心力,将路面做成外侧高、内侧低的单向横坡形式,称为平曲线超高。

为了便于施工,需要计算道路中线和内、外侧边线与设计高程之差,从而进行施工放样。本次以不设中间带的公路、绕内边轴旋转计算为例,具体计算公式见表2-4-2。

绕内边轴旋转超高值计算公式   表2-4-2

超高位置		计算公式		备 注
		$x \leq x_0$	$x > x_0$	
圆曲线上	外缘 h_c	$b_j i_j + (b_j + B) i_h$		
	中线 h'_c	$b_j i_j + \dfrac{B}{2} i_h$		1. 计算结果均为与设计高程之差 2. 临界断面距过渡段起点 $x = \dfrac{i_G}{i_h} L_c$ 3. X距离处的加宽值 $b_x = \dfrac{x}{L_c} b$
	内缘 h''_c	$b_j i_j - (b_j + b) i_h$		
过渡段上	外缘 h_{cx}	$b_j (i_j - i_G) + [b_j i_G + (b_j + B) i_h] \dfrac{x}{l_c}$ (或 $\approx \dfrac{x}{l_c} h_c$)		
	中线 h'_{cx}	$b_j i_j + \dfrac{B}{2} i_G$	$b_j i_j + \dfrac{B}{2} \times \dfrac{x}{L_c} i_h$	
	内缘 h''_{cx}	$b_j i_j - (b_j + b_x) i_G$	$b_j i_j - (b_j + b_x) \dfrac{x}{L_c} i_h$	

三、技能操练

1. 高程计算

（1）竖曲线要素、竖曲线里程计算

步骤一：首选编制图2-4-3的Excel表格，并输入必要的数据，前坡坡度、后坡坡度、竖曲线半径、转坡点里程分别置于单元格A4、B4、C4、H4，并定义单元格A4、B4、C4、H4，定义名称分别为"前坡坡度""后坡坡度""线半径""转坡点里程"；单元格D4、E4、F4、G4、I4、J4定义名称分别为"转坡角""切线长""竖曲线长""外距""竖曲线起点里程""竖曲线终点里程"。

	A	B	C	D	E	F	G	H	I	J
1	竖曲线要素、里程计算表									
2	前坡坡度	后坡坡度	竖曲线半径	转坡角	切线长	竖曲线长	外距	转坡点里程	竖曲线起点里程	竖曲线终点里程
3	i1	i2	R	ω	T	L	E			
4	0.039	0.000	1800.000					335		
5										

图2-4-3 原始数据输入界面

步骤二：在单元格D4、E4、F4、G4、I4、J4中依次输入计算公式"＝前坡坡度－后坡坡度""＝半径*abs(转坡角)""＝2*切线长""＝切线长^2/2/半径""＝转坡点里程－切线长""＝转坡点里程＋切线长"，得到图2-4-4所示结果。

	A	B	C	D	E	F	G	H	I	J
1	竖曲线要素、里程计算表									
2	前坡坡度	后坡坡度	竖曲线半径	转坡角	切线长	竖曲线长	外距	转坡点里程	竖曲线起点里程	竖曲线终点里程
3	i1	i2	R	ω	T	L	E			
4	0.039	0.000	1800.000	0.039	35.100	70.200	0.342	335	299.9	370.1

图2-4-4 竖曲线要素与里程计算

（2）逐桩高程计算

步骤一：在图2-4-5所示单元格C9中输入"131.609"，并把它定义为"转坡点高程"，并根据I4在A9中输入"300"，在A10中输入"305"，拖拉至370出现，此时桩号序列覆盖了竖曲线299.9～370.1的范围中整5m桩号。

步骤二：在单元格B9中输入公式"＝IF(AND(A9＞＝竖曲线起点里程,A9＜＝竖曲线终点里程),转坡点高程－前坡坡度*(转坡点里程－A9)－SIGN(ω)*(A9－竖曲线起点里程)^2/2/半径,－1000)"，此时只要桩号在299.9～370.1的范围，就会有正确结果，否则得到"－100"的值，所有结果见图2-4-6。

	A	B	C	D	E	F	G	H	I	J
1	竖曲线要素、里程计算表									
2	前坡坡度	后坡坡度	竖曲线半径	转坡角	切线长	竖曲线长	外距	转坡点里程	竖曲线起点里程	竖曲线终点里程
3	i1	i2	R	ω	T	L	E			
4	0.039	0.000	1800.000	0.039	35.100	70.200	0.342	335	299.9	370.1
5										
6										
7	竖曲线范围高程计算									
8	桩号	高程	转坡点高程							
9	300		131.609							
10	305									
11	310									
12	315									
13	320									
14	325									
15	330									
16	335									
17	340									
18	345									
19	350									
20	355									
21	360									
22	365									
23	370									

图 2-4-5　高程计算前桩号序列的形成

	A	B	C	D	E	F	G	H	I	J
1	竖曲线要素、里程计算表									
2	前坡坡度	后坡坡度	竖曲线半径	转坡角	切线长	竖曲线长	外距	转坡点里程	竖曲线起点里程	竖曲线终点里程
3	i1	i2	R	ω	T	L	E			
4	0.039	0.000	1800.000	0.039	35.100	70.200	0.342	335	299.9	370.1
5										
6										
7	竖曲线范围高程计算									
8	桩号	高程	转坡点高程							
9	300	130.244	131.609							
10	305	130.432								
11	310	130.606								
12	315	130.766								
13	320	130.912								
14	325	131.044								
15	330	131.162								
16	335	131.267								
17	340	131.357								
18	345	131.434								
19	350	131.497								
20	355	131.546								
21	360	131.581								
22	365	131.602								
23	370	131.609								

图 2-4-6　竖曲线范围内整 5m 桩号的计算结果

2. 超高计算

（1）编制表格

根据上述理论内容编写计算表格，如图 2-4-7 所示。

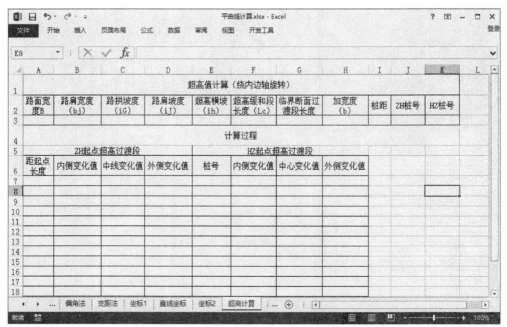

图 2-4-7　超高计算表格

(2) 计算过程编写

①ZH 起点超高过渡段

A. 桩号

在单元格 A7 中编写"= J3"。

在单元格 A8 中编写"= IF(INT(A7/10 + 0.5) * 10 > A7, INT(A7/10 + 0.5) * 10, INT(A7/10) * 10 + 5)"。

在单元格 A9 中编写"= IF(A8 + $I$3 > $F$3 + $J$3, $F$3 + $J$3, A8 + $I$3)"。

选定 A9 单元格,将鼠标移到右下角,待出现"+"后向下拉动,直到 A 列单元格出现"非整数"为止。

B. 内侧变化值

在单元格 B7 中编写"= IF(A7 < = $G$3 + $J$3, ROUND($B$3 * $D$3/100 − ($B$3 + $H$3/$F$3 * (A7 − $A$7)) * $C$3/100, 3), ROUND($B$3 * $D$3/100 − ($B$3 + $H$3/$F$3 * (A7 − $A$7)) * (A7 − $A$7)/$F$3 * $E$3/100, 3))"。

C. 中线变化值

在单元格 C7 中编写"= IF(A7 < = $G$3 + $J$3, ROUND($B$3 * $D$3/100 + $A$3/2 * $C$3/100, 3), ROUND($B$3 * $D$3/100 + $A$3/2 * (A7 − $A$7)/$F$3 * $E$3/100, 3))"。

D. 外侧变化值

在单元格 D7 中编写"= ROUND($B$3 * ($D$3 − $C$3)/100 + ($B$3 * $C$3/100 + ($B$3 + $A$3) * $E$3/100) * (A7 − $A$7)/$F$3, 3)"。

选定第 7 行 B,C,D 单元格,将鼠标移到右下角,待出现"+"后向下拉动,直到 A 列单元格出现"非整数"为止。

②HZ起点超高过渡段

A. 桩号

在单元格E7中编写"=K3-F3"。

在单元格E8中编写"=IF(INT(E7/10+0.5)*10>E7,INT(E7/10+0.5)*10,INT(E7/10+0.5)*10-5)"。

在单元格E9中编写"=IF(E8+$I$3>$K$3,k3,E8+$I$3)"。

选定E9单元格,将鼠标移到右下角,待出现"+"后向下拉动,直到A列单元格出现"非整数"为止。

B. 内侧变化值

在单元格F7中编写"=IF(E7<=$K$3-$G$3,ROUND($B$3*$D$3/100-($B$3+$H$3/$F$3*($K$3-E7))*($K$3-E7)/$F$3*$E$3/100,3),ROUND($B$3*$D$3/100-($B$3+$H$3/$F$3*($K$3-E7))*$C$3/100,3))"。

C. 中线变化值

在单元格G7中编写"=IF(E7<=$K$3-$G$3,ROUND($B$3*$D$3/100+$A$3/2*($K$3-E7)/$F$3*$E$3/100,3),ROUND($B$3*$D$3/100+$A$3/2*$C$3/100,3))"。

D. 外侧变化值

在单元格H7中编写"=ROUND($B$3*($D$3-$C$3)/100+($B$3*$C$3/100+($B$3+$A$3)*$E$3/100)*($K$3-E7)/$F$3,3)"。

选定第7行F,G,H单元格,将鼠标移到右下角,待出现"+"后向下拉动,直到E列单元格出现"非整数"为止,如图2-4-8所示。

	A	B	C	D	E	F	G	H	I	J	K
1	超高值计算(绕内边轴旋转)										
2	路面宽度B	路肩宽度(bj)	路拱坡度(iG)	路肩坡度(iJ)	超高横坡(ih)	超高缓和段长度(Lc)	临界断面过渡段长度	加宽度(b)	桩距	ZH桩号	HZ桩号
3	9	1.5	1.5	2	3	50	20	2.5	5	1208.32	1895.45
4	计算过程										
5		ZH起点超高过渡段			HZ起点超高过渡段						
6	距起点长度	内侧变化值	中线变化值	外侧变化值	桩号	内侧变化值	中心变化值	外侧变化值			
7	1208.32	0.008	0.098	0.008	1845.45	-0.090	0.165	0.345			
8	1210	0.006	0.098	0.019	1850	-0.073	0.153	0.314			
9	1215	0.002	0.098	0.053	1855	-0.055	0.139	0.281			
10	1220	-0.001	0.098	0.086	1860	-0.040	0.126	0.247			
11	1225	-0.005	0.098	0.120	1865	-0.025	0.112	0.213			
12	1230	-0.004	0.089	0.154	1870	-0.012	0.099	0.179			
13	1235	-0.015	0.102	0.188	1875	-0.001	0.085	0.146			
14	1240	-0.029	0.116	0.221	1880	-0.004	0.098	0.112			
15	1245	-0.043	0.129	0.255	1885	0.000	0.098	0.078			
16	1250	-0.060	0.143	0.289	1890	0.003	0.098	0.044			
17	1255	-0.077	0.156	0.323	1895	0.007	0.098	0.011			
18	1258.32	-0.090	0.165	0.345	1895.45	0.008	0.098	0.008			

图2-4-8 超高计算结果表

根据以上计算表格，即可轻松计算出在曲线超高过渡段相应的高程。

四、技能深化

（1）本任务所用的超高值计算公式是二、三、四级公路常用的计算内边轴法的计算公式，不适用于一级公路和高速公路的计算。

（2）本任务多次用到 If 逻辑函数，而且条件和值均很复杂，此时可以考虑用自定义函数来完成此项操作，这样程序既好维护，又能提高使用效率。

（3）本任务中高程计算采用了转坡点两侧分别计算竖曲线上高程的方法，为了简化计算公式也可以采用单侧计算的方法，关键是切线高程在通过转坡点桩号以后还要采用前坡坡度计算。

（4）本任务中在高程计算时用到汉字作为定义名称参加计算，对于熟练者有些繁琐，但对程序维护极其方便，引用已定义名称时，只要用鼠标左击对应的值就可以选取定义名称，十分方便。如果想删除过多的定义名称，可以点击"公式"标签，选择"名称管理器"，选取不要的名称，单击"删除"按钮即可，当然也可以通过点击"编辑"按钮对已有名称进行修改，如图 2-4-9 所示。

（5）桩号的特殊表达方式定义

图 2-4-6 中的 A9～A23、H4、I4、J4 为桩号序列，尽管不影响计算结果，但不符合公路专业人员的阅读习惯，如何把"300"转换成"K0+300"的情况又不影响计算，是一个看似复杂实际上利用 Excel 很容易解决的问题。

同时选择 A9～A23 单元格，单击右键在弹出初始菜单中选择"设置单元格格式"，显示图 2-4-10 所示对话框，点击"数字标签"，单击分类中的"自定义"，在"类型"下文本框中输入"K0+000.000"，这样就会以保留小数点后 3 位的格式，用公路上最习惯的桩号格式表达，同时不影响该单元格计算。单击"确定"后，注意对比图 2-4-11 与图 2-4-9 中 A9～A23 单元格的格式变化，利用同样的方法修改 H4、I4、J4 单元格格式，并注意调整列宽，效果见图 2-4-11。

图 2-4-9　名称管理器

图 2-4-10　设置单元格格式对话框

竖曲线要素、里程计算表

前坡坡度	后坡坡度	竖曲线半径	转坡角	切线长	竖曲线长	外距	转坡点里程	竖曲线起点里程	竖曲线终点里程
i1	i2	R	ω	T	L	E			
0.039	0.000	1800.000	0.039	35.100	70.200	0.342	K0+335.000	K0+299.900	K0+370.100

竖曲线范围高程计算

桩号	高程	转坡点高程
K0+300.000	130.244	131.609
K0+305.000	130.432	
K0+310.000	130.606	
K0+315.000	130.766	
K0+320.000	130.912	
K0+325.000	131.044	
K0+330.000	131.162	
K0+335.000	131.267	
K0+340.000	131.357	
K0+345.000	131.434	
K0+350.000	131.497	
K0+355.000	131.546	
K0+360.000	131.581	
K0+365.000	131.602	
K0+370.000	131.609	

图 2-4-11　里程的显示格式界面

五、技能归纳

1. 已知条件

路面宽度 *B*、路肩宽度、路拱坡度、路肩坡度、超高横坡度、超高缓和段长度、临界断面过渡段长度、加宽值、桩距 ZH 起点、HZ 起点。

2. 计算

计算指定桩距(20m、10m 或 5m)整桩号的逐桩高程变化。

3. 参考计算结果

计算结果供路面或桥面高程放样使用。

六、考核评价

1. 学生自我评价

(1)此次操练是否顺利?

(2)若不顺利,请列出遇到的问题。

(3)分析出现问题的原因,并提出修正方案。

(4)您认为还需加强哪些方面的指导?

2. 学习任务评价表(表 2-4-3)

学习任务评价表　　表 2-4-3

考核项目	分数			学生自评	小组互评	教师评价	小计
	差	中	好				
团队合作精神	6	13	20				
活动参与是否积极	6	13	20				

续上表

考核项目	分数			学生自评	小组互评	教师评价	小计
	差	中	好				
竖曲线要素计算	6	13	20				
高程计算	6	13	20				
超高计算	6	13	20				
总分	100						
教师签字:					年 月 日	得分	

七、作业

利用表2-4-4的数据完成曲线部分5m整桩号的超高值数据计算。

已知工程数据　　　　　　　　　　　表2-4-4

路面宽度 B	路肩宽度 b_j	路拱坡度 i_G	路肩坡度 i_j	超高横坡度 i_h	超高缓和段长度 L_c	临界断面过渡段长度 x_0	加宽值 b	桩距	ZH起点	HZ起点
9	1.5	1.5	2	3	50	20	2.5	5	1208.32	1895.45

模块三　Excel 在试验数据处理中的应用

【学习引导】

1. 技能目标

（1）掌握 Excel 压实度试验数据计算方法；

（2）掌握 Excel 散点图绘制方法，能完成较复杂的试验曲线绘制；

（3）掌握利用 Excel 趋势线完成击实曲线绘制、图解法求最大干密度和最佳含水率的方法。

2. 主要内容

模块三的主要内容结构，如图 3-0-1 所示。

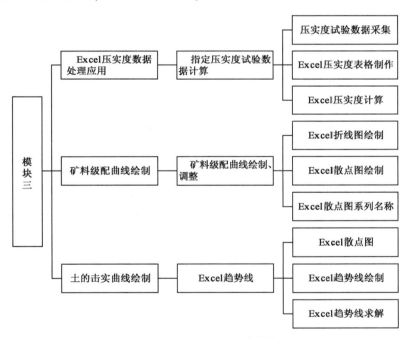

图 3-0-1　模块三的主要内容结构图

任务一　Excel 压实度数据处理应用

一、任务告知

1. 任务描述

试验数据的分析和整理是保证公路工程质量的一个关键，同时，公路工程施工过程需要大量的统计分析和计算,通过 Excel 可以节省大量重复的计算,从而提高效率。

本任务以压实度检测为例进行介绍。

2. 教学目标

通过本学习任务的学习,应达到以下要求:

(1)了解压实度数据采集过程;

(2)掌握 Excel 压实度试验数据计算方法。

3. 内容结构

本任务的内容结构,如图 3-1-1 所示。

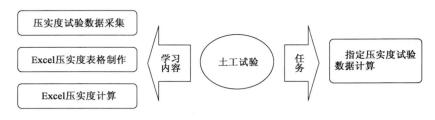

图 3-1-1　内容结构

二、任务导入

1. 适用条件

在现场检测过程中,基、垫层经常采用灌沙法。它的特点是可以测定各种土和各种路面材料的密度,而且得到的是整个碾压层的平均密度。

灌沙法有两种用法:一种是可以测定黏性土、细粒土(含无机结合料稳定土)的密度,采用尺寸较小的一套仪器(直径为 100mm 灌沙筒);另一种是可以测定细粒土、中粒土、粗粒土(含无机结合料稳定土)的密度,采用的是尺寸较大的一套仪器(直径为 150～200mm 的灌沙筒);两种仪器的试验步骤和方法完全相同。下面要介绍的是前一种测定方法,适用于工地测定各种细粒土、沙砾土、级配砾石、水泥稳定土、石灰稳定土等的密度。

上述各种集料的最大粒径不得超过 15mm,测定结构的厚度为 150～200mm。

2. 仪器设备

(1)灌沙筒

金属圆筒(可用白铁皮制作)内径为 100mm,筒高约 360mm。主要分两部分:上部为储沙筒,筒深 270mm(容积约 2120cm^3),筒底中心有一个直径为 10mm 的圆孔,下部装一倒置的圆锥形斗,上端开口的直径为 10mm,并焊接在一块直径为 100mm 的铁板上。铁板中心有一直径为 10mm 的圆孔与漏斗相接。在储沙筒底与漏斗顶端铁板之间有开关,开关为一薄铁板,一端与筒底及漏斗铁板铰接在一起,另一端伸出筒身外。开关铁板上也有一个直径为 10mm 的圆孔,将开关向左移动时,开关铁板上的圆孔恰好与筒底圆孔及漏斗上的开口相对(即三个圆孔重叠在一起),这时沙就可以通过圆孔自由落下;将开关向右移动时,开关将筒底堵塞,沙即停止下落。

(2)金属标定罐

内径100mm、高150mm和200mm的金属罐(可用铁板制作)各一个。

(3)基板

一个350mm、深40mm的金属方盘(可用铁板制作),盘的中心有一个直径为100mm的圆孔。

(4)打洞及从洞中取料的合适工具

如凿子、铁锤、长把勺、小簸箕、毛刷等。

(5)玻璃板

边长约500mm的正方形玻璃板。

(6)饭盒(存放挖出的试料)若干。

(7)台秤

称量10~15kg,感量5g。

(8)工具

测定含水率用的铝盒、感量-0.1g的天平、烘箱等。

(9)量沙

粒径0.25~0.5mm(或0.3~0.6mm),清洁干燥的均匀沙(20~40kg),应先将沙烘干,并放置足够的时间,使其与空气的湿度达到平衡。

3.仪器标定

(1)确定灌沙筒下部锥体内沙的质量

其步骤如下所述:

①在储沙筒内装满沙,筒内沙的高度与筒顶的距离不超过15mm,称取筒内沙的质量m_1,精确至1g,每次标定及之后的试验都应维持这个质量不变。

②将开关打开,让沙流出,并使流出的沙的体积与工地所挖试洞的体积相当(或等于标定灌的体积),然后关上开关,并称量筒内沙的质量m_3,精确至1g。

③将灌沙筒放在玻璃板上,将开关打开,让沙流出,直到储沙筒内的沙不再下流,将开关关上,并细心地取走灌沙筒。

④收集并称量留在玻璃上的沙或称量筒内的沙,精确到1g,玻璃板上的沙即是填满灌沙筒下部锥体的沙。

⑤重复上述测量,至少3次。最后取其平均值m_2,精确至1g。

(2)确定量沙的密度ρ_s(g/cm³)

其步骤如下:

①用水确定标定罐的容积V(cm³)。将空罐放在台秤上,使罐的上口处于水平位置,读记罐质量m_7,精确至1g。向标定罐中灌水,注意不要将水弄到台秤上或罐的外壁。将一直尺放在罐顶,当罐中水面快要接近直尺时,用滴管向罐中加水,直到水面接触直尺。移去直尺,读记罐和水的总质量m_8。重复测量时,仅需用吸管从罐中取出少量水,并用滴管重新将水加到接触直尺的位置。标定罐体积的计算公式为$V = m_8 - m_7$。

②在储沙筒中装入质量为m_1的沙,将灌沙筒放在标定罐上,将开关打开,让沙流出(在整

个流沙过程中,不要碰到灌沙筒)。直到储沙筒内的沙不再下流,将开关打开,拿下灌沙筒,称量筒内余沙的质量,精确至 1g。

③重复上述测量,至少 3 次,最后取其平均质量 m_2,精确至 1g。

④由下式计算填满标定罐所需沙的质量 m_α:

$$m_\alpha = m_1 - m_2 - m_3 \tag{3-1-1}$$

式中:m_1——灌沙流入标定罐前,筒内沙的质量(g);

m_2——灌沙筒下部锥体内沙的平均质量(g);

m_3——灌沙流入标定罐后,筒内剩余沙的质量(g)。

⑤用下式计算沙的密度 ρ_s(g/cm³):

$$\rho_s = \frac{m_\alpha}{V} \tag{3-1-2}$$

式中:V——标定罐的体积(cm³)。

4. 操作步骤

(1)在试验地点,选取一块约 40cm×40cm 的平坦表面,并将其清扫干净,其面积不得小于基本的面积。

(2)将基板放在此平坦表面上。如果此表面的粗糙度较大(路面的某一结构层施工完毕后,经过一段时间的交通有可能出现这种情况),则将盛有量沙 m_5 的灌沙筒放在基板中间的圆孔上。将灌沙筒的开关打开,让沙流入基板的中孔内,直到储沙筒内的沙不再下流时关闭开关。取下灌沙筒,并称量筒内沙的质量 m_6,精确至 1g。

(3)取走基板,并将留在试验地点的量沙收回,重新将表面清扫干净。

(4)将基板放在清扫干净的表面上,沿基板中孔凿洞(洞的直径为 100mm)。凿洞过程中,应注意不使凿出的材料丢失,并随时将凿松的材料取出放入已知质量的塑料袋内,密封。试洞的深度应等于碾压层厚度(尽可能使试洞下部的尺寸与上部的尺寸相同,否则会影响试验的结果。在挖洞的过程中,应注意勿使洞壁松动,或过分挤压洞壁)。凿洞完毕后,称此塑料袋中全部试样的质量,精确至 1g。称后的质量减去已知塑料袋的质量后,即为试样的总质量 m_i。

(5)从挖出的全部材料中取出代表性的样品放入铝盒内,测定其含水率 w_0 样品的数量,对于细粒土,不少于 100g;对于各种粗粒土,不少于 500g(如试验的水泥稳定土或石灰稳定土的密度,可将全部取出的材料烘干并称量,精确至 1g)。

(6)将基板放在试筒上,将灌沙筒放在基板中间(储沙筒内放满沙到恒重 m_1),使灌沙筒的下口对准基板的中孔及试洞。打开灌沙筒的开关,让沙流入试洞内。在此期间,应注意不要碰动灌沙筒。直到储沙筒内的沙不再下流时,关闭开关,小心地取走灌沙筒,并称量筒内余沙的质量 m_4,精确至 1g。

(7)如清扫干净的平坦表面的粗糙度不大(一般碾压完的路基或路面结构属于这种情况),则不需要进行(2)~(3)步的操作。在试洞挖好后,将灌沙筒直接对准在洞口上,中间不需要放置基板。打开筒的开关,让沙流入试洞内。在此期间,应注意不要碰动灌沙筒。直到储沙筒内的沙不再下流时,关闭开关。小心地取走灌沙筒,并称量筒内余沙的质量 m'_4,精确至 1g。

(8) 取出试筒内的量沙,过筛,以备下次试验时再用。若量沙的湿度已发生变化或量沙中混有杂质,则应重新烘干、过筛,并放置一段时间,使其与空气的湿度达到平衡后再用。

(9) 如试洞中有较大孔隙,量沙可能进入孔隙时,则应按试洞外形,松弛地放入一层柔软的纱布,然后再进行灌沙的工作。

5. 结果整理

(1) 计算填满试洞所需的质量 m_b(g)

① 灌沙时,试洞上放有基板的情况:

$$m_b = m_1 - m_4 - (m_5 - m_6) \tag{3-1-3}$$

② 灌沙时,试洞上不放基板的情况:

$$m_b = m_1 - m'_4 - m_2 \tag{3-1-4}$$

式中: m_1——灌沙入试洞前筒内沙的质量(g);

m_2——灌沙筒下部圆锥体内入沙的平均质量(g);

m_4、m'_4——灌沙入试洞后,筒内剩余沙的质量(g);

$m_5 - m_6$——灌沙筒下部圆锥体内及基板和粗糙表面间沙的总质量(g)。

(2) 计算试验地点或稳定土的湿密度 ρ(g/cm³)

$$\rho = \frac{m_t}{m_b} \times \rho_s \tag{3-1-5}$$

式中: m_t——试洞中取出的全部土样的质量(g);

m_b——填满试洞所需的沙的质量(g);

ρ_s——量沙的密度(g/cm³)。

(3) 计算土的干密度(g/cm³)

$$\rho_d = \frac{\rho}{1 + 0.01w} \tag{3-1-6}$$

(4) 计算施工压实度(%)

$$K = \frac{\rho_d}{\rho_c} \times 100\% \tag{3-1-7}$$

式中: K——测试地点的施工压实度(%);

ρ_d——试样的干密度(g/cm³);

ρ_c——由击实试验得到的试样的最大干密度(g/cm³)。

当试坑材料的组成与击实试验的材料有较大差异时,可用试坑材料做标准击实,以求取实际的最大干密度。

6. 报告与记录

(1) 各种土或稳定土的干密度均应取到 0.01g/cm³。

(2) 试验记录见表 3-1-1。

密度试验记录（灌沙法）　　　　　　　表 3-1-1

工程名称：		检查部位：		试验编号：	
桩号：		土壤名称：			

位　置			左		右	
筒+沙质量						
筒+余沙质量						
坑内沙质量						
沙密度						
试坑体积						
含水率	盒号					
	盒质量(g)					
	盒+湿土质量(g)					
	盒+干土质量(g)					
	水分质量(g)					
	干土质量(g)					
	含水率(%)					
	平均含水率(%)					
干密度		最大干密度(g/cm³)				
		规定压实度(%)				

试验日期：		试验员：		复核：	
质检：		工长：		负责人：	

7. 操作注意事项

（1）灌沙筒内的量沙在重复使用时，应烘干，并处理一致，否则将影响量沙的松方密度。若更换量沙，就必须重测其松方密度。

（2）在进行标定罐容积标定时，罐外的水一定要擦干。

（3）在挖坑时试坑周壁应笔直，避免出现上大下小或上小下大的情形，且不得使凿出的试样丢失，以免检测密度偏大或偏小。

三、技能操练

1. 制作表格

根据上述内容先编写制作计算表格，如图 3-1-2 所示。

2. 编写表格

（1）填写数据

在该数据表格中，有些数据是不发生变化的，如距路槽地面深度。灌入试筒前筒内沙的质量，可以根据工程的实际情况填入，如图 3-1-3 所示。

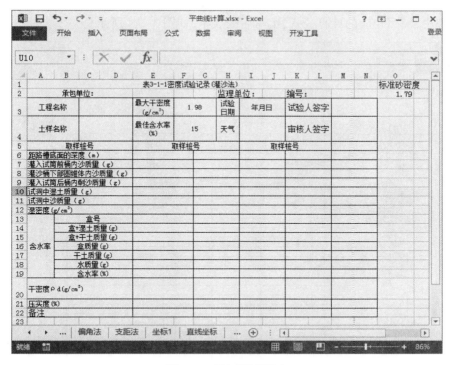

图 3-1-2　压实度的计算表

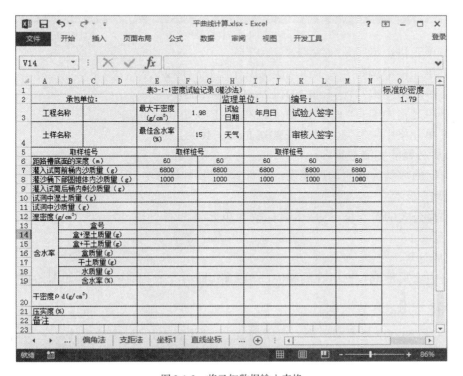

图 3-1-3　将已知数据输入表格

(2) 编写计算公式

根据理论,编写相应的计算公式,编写后的表格,如图3-1-4所示。

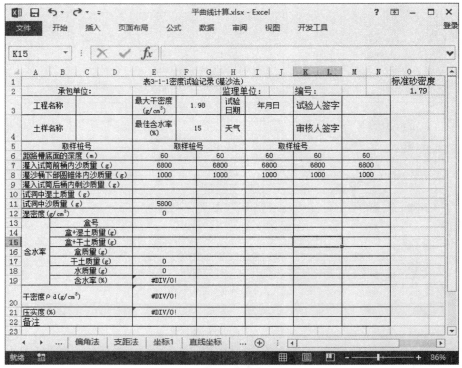

图3-1-4 计算显示

在 E11 单元格中编写 ="E7 – E8 – E9"。

在 E12 单元格中编写" = ROUND(E10/(E11/$O$2),2)"。

在 E19 单元格中编写" = ROUND(E18/E17*100,1)"。

在 E20 单元格中编写" = ROUND(E12/(1 + E19/100),2)"。

在 E21 单元格中编写"ROUND(E20/$F$3*100,1)"。

(3) 填写必要的实测数据

图中带框的数据为相应的压实度检测计算结果,如图3-1-5所示。

(4) 拉动单元格

选中编写公式的单元格,然后将鼠标放在单元格的右下角,待出现"+"光标,向右拉动,如图3-1-6所示。

(5) 完成计算

在表格中填写带框数据所在的相应的单元格,即可完成相应的计算,如图3-1-7所示。

四、技能深化

(1) 向右拉动表格是本书中第一次用到,在实践中很有用处,要认真体会。

(2) 试验中要反复用到该计算表格,为了固定计算公式,应保证原始数据位置处于未锁定状态、其他位置处于不可编辑状态,这样可以防止误操作。

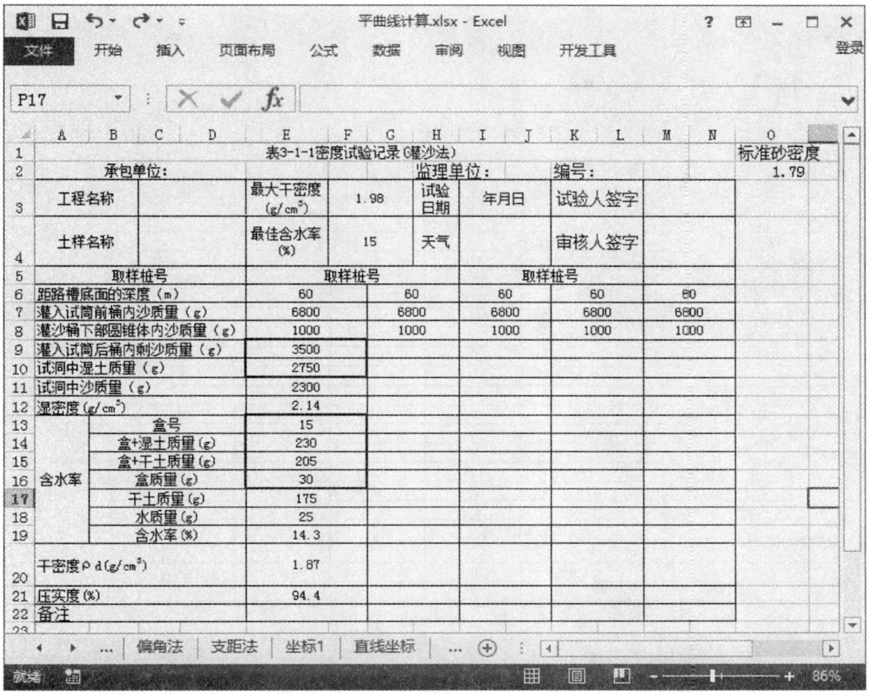

	A–D		E–F	G–H	I–J	K–L	M–N	O
1	表3-1-1密度试验记录(灌沙法)							标准砂密度
2	承包单位:			监理单位:		编号:		1.79
3	工程名称		最大干密度(g/cm³)	1.98	试验日期	年月日	试验人签字	
4	土样名称		最佳含水率(%)	15	天气		审核人签字	
5	取样桩号		取样桩号		取样桩号			
6	距路槽底面的深度(m)		60	60	60	60	60	
7	灌入试筒前桶内沙质量(g)		6800	6800	6800	6800	6800	
8	灌沙桶下部圆锥体内沙质量(g)		1000	1000	1000	1000	1000	
9	灌入试筒后桶内剩沙质量(g)		3500					
10	试洞中湿土质量(g)		2750					
11	试洞中沙质量(g)		2300					
12	湿密度(g/cm³)		2.14					
13	含水率	盒号	15					
14		盒+湿土质量(g)	230					
15		盒+干土质量(g)	205					
16		盒质量(g)	30					
17		干土质量(g)	175					
18		水质量(g)	25					
19		含水率(%)	14.3					
20	干密度ρd(g/cm³)		1.87					
21	压实度(%)		94.4					
22	备注							

图 3-1-5　填写相关数据表格

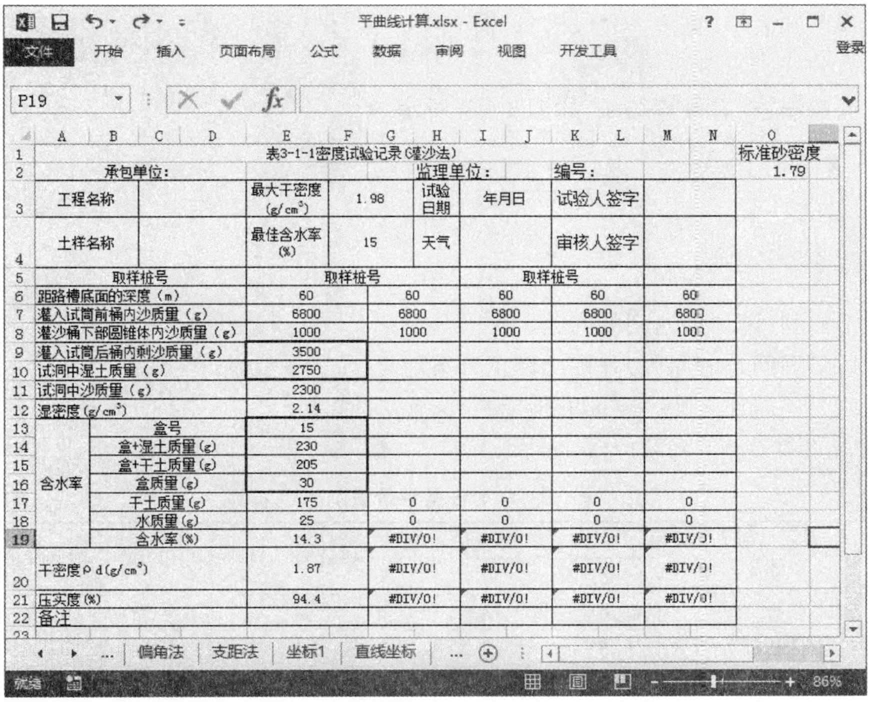

	A–D		E–F	G–H	I–J	K–L	M–N	O
1	表3-1-1密度试验记录(灌沙法)							标准砂密度
2	承包单位:			监理单位:		编号:		1.79
3	工程名称		最大干密度(g/cm³)	1.98	试验日期	年月日	试验人签字	
4	土样名称		最佳含水率(%)	15	天气		审核人签字	
5	取样桩号		取样桩号		取样桩号			
6	距路槽底面的深度(m)		60	60	60	60	60	
7	灌入试筒前桶内沙质量(g)		6800	6800	6800	6800	6800	
8	灌沙桶下部圆锥体内沙质量(g)		1000	1000	1000	1000	1000	
9	灌入试筒后桶内剩沙质量(g)		3500					
10	试洞中湿土质量(g)		2750					
11	试洞中沙质量(g)		2300					
12	湿密度(g/cm³)		2.14					
13	含水率	盒号	15					
14		盒+湿土质量(g)	230					
15		盒+干土质量(g)	205					
16		盒质量(g)	30					
17		干土质量(g)	175	0	0	0	0	
18		水质量(g)	25	0	0	0	0	
19		含水率(%)	14.3	#DIV/0!	#DIV/0!	#DIV/0!	#DIV/0!	
20	干密度ρd(g/cm³)		1.87	#DIV/0!	#DIV/0!	#DIV/0!	#DIV/0!	
21	压实度(%)		94.4	#DIV/0!	#DIV/0!	#DIV/0!	#DIV/0!	
22	备注							

图 3-1-6　编写完表格

Excel 在工程中的应用

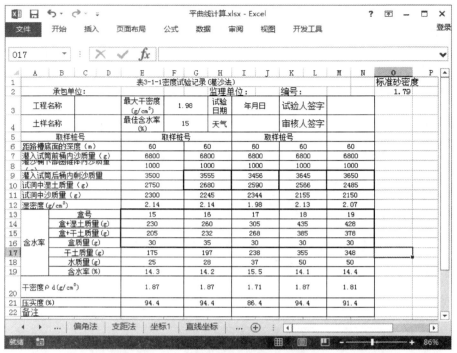

图 3-1-7 填写完成后的数据表格

五、技能归纳

（1）制作已知表格，见表 3-1-1。

（2）输入公式。

（3）填入数据，查看计算结果，如图 3-1-7 所示。

六、考核评价

1. 学生自我评价

（1）此次操练是否顺利？

（2）若不顺利，请列出遇到的问题。

（3）分析出现问题的原因，并提出修正方案。

（4）您认为还需加强哪些方面的指导？

2. 学习任务评价表（表 3-1-2）

学习任务评价表　　　　　　　　　　　　　　　　　　表 3-1-2

考核项目	分数			学生自评	小组互评	教师评价	小计
	差	中	好				
团队合作精神	6	13	20				
活动参与是否积极	6	13	20				
制作压实度表格形式	6	13	20				
编写压实度计算表格	6	13	20				

续上表

考核项目	分数			学生自评	小组互评	教师评价	小计
	差	中	好				
压实度计算正确性	6	13	20				
总分		100					
教师签字：				年　月　日		得分	

七、作业

利用表 3-1-3 的数据完成压实度试验数据计算。

数　据　表　　　　　　　　　　　　　　表 3-1-3

取样桩号	K10+100	K10+150	K10+200	K10+250
距路槽底面的深度(cm)	60	60	60	60
灌入试筒前筒内沙质量(g)	6800	6800	6800	6800
灌沙筒下部圆锥体内沙质量(g)	1000	1000	1000	1000
试洞中湿土质量(g)	2750	2760	2682	2723
试洞内沙质量(g)	2300	2350	2440	2148

任务二　矿料级配曲线绘制

一、任务告知

1. 任务描述

试验数据的分析和整理是保证公路工程质量的一个关键,同时,公路工程施工过程需要大量的统计分析和计算,通过 Excel 可以节省大量重复的计算,从而提高效率。

本任务以矿料级配曲线绘制为例进行介绍。

2. 教学目标

通过本任务的学习,应达到以下要求：

(1) 了解 Excel 折线图绘制,能完成简单试验曲线绘制；

(2) 掌握 Excel 散点图绘制,能完成较复杂的试验曲线绘制；

(3) 了解 Excel 散点图系列名称的特殊绘制方法。

3. 内容结构

本任务的内容结构,如图 3-2-1 所示。

图 3-2-1　内容结构

二、任务导入

在进行沥青混凝土配合比设计时,需要根据各种矿料的筛分结果和配比计算合成矿料级配,通过比较合成级配与设计范围来调整配比,然后重新计算合成级配,这是一个多次反复的过程。现在人们已经习惯使用 Excel 来绘制各种曲线,这里主要介绍如何在 Excel 中实现泰勒横坐标矿料合成曲线的绘制。

1. 数据准备

(1)泰勒横坐标值是标准筛筛孔的尺寸,对应关系[参照《公路沥青路面施工技术规范》(JTG F40—2004)]见表 3-2-1。

泰勒坐标值与标准筛尺寸对应表　　　　表 3-2-1

标准筛孔尺寸(mm)	0.075	0.15	0.3	0.6	1.18	2.36	4.75	9.5	13.2	16	19	26.5	31.5
泰勒横坐标值	0.312	0.426	0.582	0.795	1.077	1.472	2.016	2.754	3.193	3.482	3.762	4.370	4.723

(2)某 AC-20 沥青混凝土矿料合成数据设计,见表 3-2-2。

某 AC-20 沥青混凝土矿料合成数据　　　　表 3-2-2

泰勒坐标	筛孔尺寸(mm)	目标矿料级配							规范级配范围		规范级配中值
		1号料 15~20 (mm)	2号料 10~15 (mm)	3号料 5~10 (mm)	4号料 3~5 (mm)	5号料 0~3 (mm)	矿粉	合成级配	下限	上限	
4.723	31.5	100	100	100	100	100	100	100	100	100	100
4.370	26.5	100	100	100	100	100	100	100	100	100	100
3.762	19	69.4	100	100	100	100	100	92	90	100	95
3.482	16	34.4	100	100	100	100	100	82.9	78	92	85
3.193	13.2	9.5	97.400	100	100	100	100	76	62	80	71
2.754	9.5	0.6	24.000	99.7	100	100	100	61.2	50	72	61
2.016	4.75	0.5	0.600	3.100	90.100	97.800	100	40.600	26.000	56.000	41.000
1.472	2.36	0.1	0.100	0.200	14.900	93.100	100	27.700	16.000	44.000	30.000
1.077	1.18	0.1	0.100	0.100	11.100	59.700	100	19.100	12.000	33.000	22.500
0.795	0.6	0.1	0.100	0.100	2.500	44.200	100	14.000	8.000	24.000	16.000
0.582	0.3	0.1	0.100	0.100	2.400	34.600	99.400	11.700	5.000	17.000	11.000
0.426	0.15	0.1	0.100	0.100	2.400	20.900	97.900	8.400	4.000	13.000	8.500
0.312	0.075	0.1	0.100	0.100	2.400	9.500	86.900	5.400	3.000	7.000	5.000
毛体积密度		2.687	2.694	2.693	2.691	2.685	2.702	2.690			
配合比		26%	17%	15%	15%	24%	3%	100%			

2. 绘制级配曲线

以筛孔尺寸值的 0.45 次方为 x 坐标(表 3-2-2 第一列),以合成级配为 y 坐标,规范的上下限为控制范围,规范中值为重要参考的级配曲线,详见图 3-2-2。

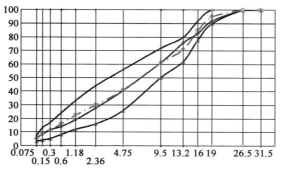

图 3-2-2 矿料级配曲线

三、技能操练

1. 制作表格

根据上述内容先编写制作计算表格,如图 3-2-3 所示。

	A	B	C	D	E	F	G	H	I	J	K	L
1						目标矿料级配						
2	泰勒坐标	筛孔尺寸	1号料	2号料	3号料	4号料	5号料	矿粉	合成级配	规范级配范围		规范级配中值
3			15～20	10～15	5～10	3～5	0～3			下限	上限	
4	4.723	31.5	100	100	100	100	100	100	100	100	100	100
5	4.370	26.5	100	100	100	100	100	100	100	100	100	100
6	3.762	19	69.4	100	100	100	100	100	92	90	100	95
7	3.482	16	34.4	100	100	100	100	100	82.9	78	92	85
8	3.193	13.2	9.5	97.400	100.000	100	100	100	76	62	80	71
9	2.754	9.5	0.6	24.000	99.700	100	100	100	61.2	50	72	61
10	2.016	4.75	0.5	0.600	3.10	90.100	97.800	100	40.600	26.000	56.000	41.000
11	1.472	2.36	0.1	0.100	0.200	14.900	93.100	100	27.700	16.000	44.000	30.000
12	1.077	1.18	0.1	0.100	0.100	11.100	59.700	100	19.100	12.000	33.000	22.500
13	0.795	0.6	0.1	0.100	0.100	2.500	44.200	100	14.000	8.000	24.000	16.000
14	0.582	0.3	0.1	0.100	0.100	2.400	34.600	99.400	11.700	5.000	17.000	11.000
15	0.426	0.15	0.1	0.100	0.100	2.400	20.900	97.900	8.400	4.000	13.000	8.500
16	0.312	0.075	0.1	0.100	0.5	0.100	2.400	86.900	5.400	3.000	7.000	5.000

图 3-2-3 压实度的计算表

2. 矿料级配曲线绘制

(1) 用图 3-2-3 中的第一、第二列数据建立如图 3-2-4 的数据表栏,该表用于绘制与泰勒横坐标刻度对应的刻度线。

	O	P	Q	R	S	T	U	V	W	X	Y	Z	AA
1	0.075	0.15	0.3	0.6	1.18	2.36	4.75	9.5	13.2	16	19	26.5	31.5
2	0.312	0.426	0.582	0.795	1.077	1.472	2.016	2.754	3.193	3.482	3.762	4.370	4.723
3	0.312	0.426	0.582	0.795	1.077	1.472	2.016	2.754	3.193	3.482	3.762	4.370	4.723
4	0	0	0	0	0	0	0	0	0	0	0	0	0
5	100	100	100	100	100	100	100	100	100	100	100	100	100

图 3-2-4 泰勒横坐标刻度数据源表

(2) 实现步骤。

为了完成图 3-2-2 中的泰勒横坐标矿料合成曲线的绘制需要按以下绘制步骤进行:

①在 Excel 的菜单栏中选择"插入"中的"图表"(图 3-2-5),在对话框中选择对应项,见图 3-2-6 的空白图。

注意:这一步一定要选择"XY 散点图"中的"平滑线散点图"(图 3-2-5 中第一行中间图标),否则后面的过程将无法实现。

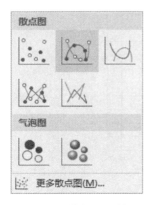 

图 3-2-5　散点图对话框　　　　　图 3-2-6　插入折线图空白图

②图表数据区域依次选择"A4～A16"一列、"I4～L16"矩形区域，选择"下一步"，见图 3-2-7。其中，"\$A\$4:\$A\$16"是横坐标数据源、"\$I\$4:\$L\$16"是纵坐标数据源。

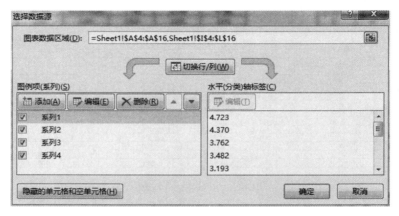

图　3-2-7

③选择"图例项(系列)"中"系列 1"，点击"编辑"按钮，出现图 3-2-8 的对话框，点击系列名称标签下的"■"按钮，根据提示，点取"I3"单元格，结果见图 3-2-9，单击确定。

图　3-2-8　　　　　　　　　　　　图　3-2-9

重复刚才的操作，修改"系列 2""系列 3""系列 4"的名称对应"J3""K3""L2"单元格的名称,完成后见图 3-2-10。

图 3-2-10

④单击确定退出,得到级配曲线图形见图 3-2-11。并采用拖动的方式调整图表的大小、位置。在图 3-2-12 中先去掉"网格线"选项,再点取"主轴主要水平网格线",显示如图 3-2-12 右侧网格(只有水平网格)。

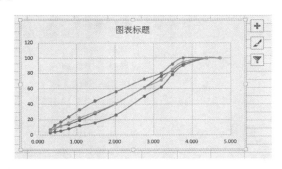

图 3-2-11

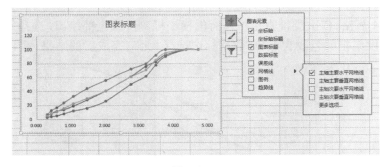

图 3-2-12

⑤在纵坐标值显示区域点击鼠标右键,弹出菜单中选择"设置坐标轴格式",单击坐标轴选项图标" ",在"坐标轴选项"中填入图 3-2-13 所示数据。

⑥在横坐标值显示区域点击鼠标右键,弹出菜单中选择"设置坐标轴格式",在"刻度"选项中填入图 3-2-14 所示数据,在"字体选项"中选择"字体颜色"为"白色",即不需要显示实际的 X 轴刻度(因为后面要设置横坐标刻度值为标准筛筛孔尺寸)。"水平坐标轴数据标签"选择"无"。

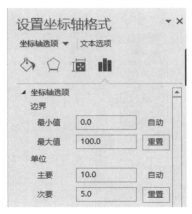 

图 3-2-13　　　　　　　　　　　图 3-2-14

⑦在图表区点击鼠标右键,选择"选择数据"→"添加",依照图 3-2-15、图 3-2-16 选择填写。

图 3-2-15　　　　　　　　　　　图 3-2-16

参照图 3-2-4 表格,依次类推直至把所有的横坐标刻度线全部绘出(选择无数据标记),点击各条横坐标刻度线把颜色改为黑色,数据标记选择"无",完成后的结果见图 3-2-17。

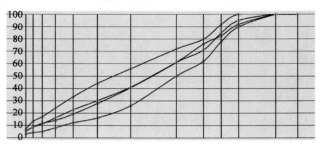

图 3-2-17　初步合成曲线图

⑧在图表区点击鼠标左键点击 0.075 对应竖线,选择"设计"→"数据标签"→"添加图标元素"→"其他数据标签",按图 3-2-18 标签只标系列名称,标签位置选择靠下。

按照这一方法把"0.15,0.3,0.6,1.18,2.36,4.75,9.5,13.2,16,19,26.5,31.5"对应竖线均做相同设置,适当移动下端刻度值的位置使之与刻度线的位置相对应,利用"Del"键删除不需要的上端标注,得到与图3-2-2相同的曲线。

至此,AC-20沥青混凝土矿料级配曲线绘制已完成,试着调整表3-2-2中的配合比数据,可以发现所绘制的合成级配曲线可以随着数据的变化而自动调整。

四、技能深化

(1)通过调整表3-2-2中的配合比数据可以更快更直观地优选出若干条目标矿料合成级配曲线。如果把表3-2-2中的各种原材料筛分数据替换为拌和机各热料仓的矿料筛分数据后,图3-2-2就变成了生产矿料级配合成曲线图。在调整生产矿料级配使其尽可能地接近目标矿料级配时,合成曲线的实时变化使生产配合比调整变得直观,获取配合比结果的速度更快。

(2)折线法绘制矿料级配曲线

前面基于散点图方法绘制虽然精确但有些过于复杂,现在用折线法绘制矿料级配曲线与前述方法进行对比。

①在图3-2-4空白处插入最普通的折线图,见图3-2-19左上角图形。

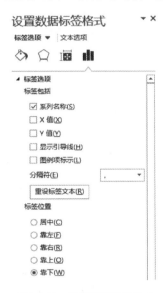
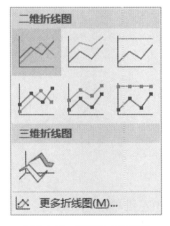

图3-2-18　设置数据标签格式　　　图3-2-19　选择插入折线图

②选择数据。

在上一步得到空白图形处,单击右键选择数据,在图3-2-20中的"图例项(系列)"中添加"合成级配""下限""上限""规范级配中值"四列,可以在图3-2-20对应位置看到以增加对应的选项,当然可以通过系列前的选取框点取,点击,变为取消当前数据列,同样再点击,变为选取当前数据列。在水平(分类)轴标签,点击"编辑",在弹出的图3-2-21中的点击"　",选择"B4～B16",显示图3-2-20右下角的数据系列。

③左键单击,展开如图3-2-22所示的菜单,主轴主要水平网络线和主轴主要垂直网络线,如图3-2-22右下角显示,这样图3-2-22中开始有了纵横网格线。

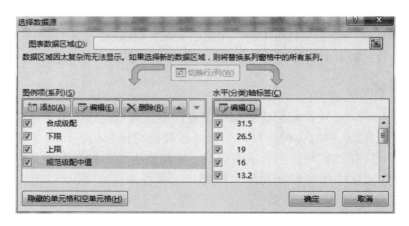

图 3-2-20

图 3-2-21

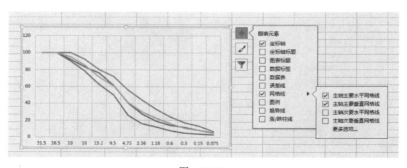

图 3-2-22

④在图 3-2-22 中左键单击筛孔尺寸,在弹出的图 3-2-23a)中点击"逆序类别""坐标轴位置在刻度线上""刻度线标记—主要类型交叉"选项;左键点击图 3-2-24 中最右侧的刻度标记,在图 3-2-23b)中选取标签为"高",图形发生变化如图 3-2-25 的变化。经过一系列线形的修改得到图 3-2-26。

五、技能归纳

利用 Excel 绘制级配曲线的难点在于筛孔尺寸横坐标的标注。采用折线图绘制级配曲线与散点图绘制相比相对容易,但是折线图的结果与折线图绘制级配曲线只能作为初学者的所用的参考;散点图的绘制过程复杂,但绘制结果与手工绘图习惯完全一致,可以用于实际生产。实际使用过程中,针对一种规范规定的配合比和同一组材料,只要做出一个 Excel 表格就行,如果做出的合成级配曲线不符合规范的要求,可以调整各粒径材料的比例再做,曲线能自动绘出,直到完全符合规范要求。

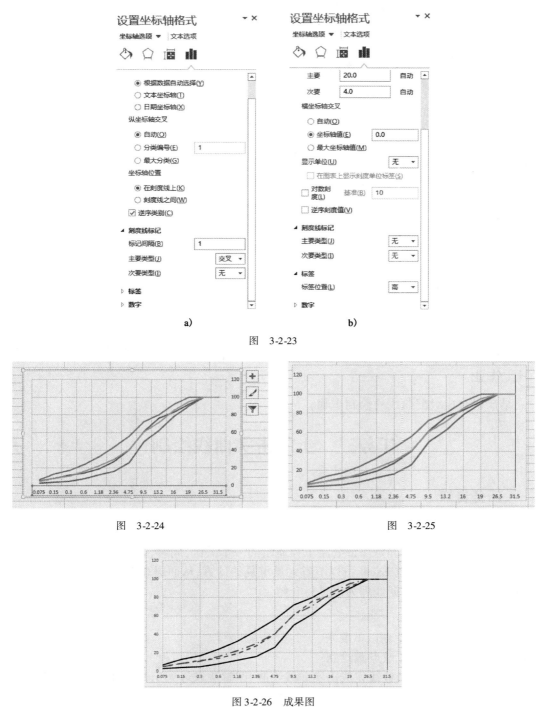

图 3-2-23

图 3-2-24

图 3-2-25

图 3-2-26 成果图

Excel 绘制级配曲线的难点在于筛孔尺寸横坐标的标注,处理问题的关键技术是用多条竖直直线的标签来标出有关的"系列名称"(图 3-2-18),操作相对复杂,需要多加练习。

六、考核评价

1. 学生自我评价

(1)此次操练是否顺利?

(2)若不顺利,请列出遇到的问题。

(3)分析出现问题的原因,并提出修正方案。

(4)您认为还需加强哪些方面的指导?

2. 学习任务评价表(表3-2-3)

学习任务评价表　　　　　　　　　表3-2-3

考核项目	分数			学生自评	小组互评	教师评价	小计
	差	中	好				
团队合作精神	6	13	20				
活动参与是否积极	6	13	20				
击实曲线	6	13	20				
编写压级配曲线表格	6	13	20				
级配曲线绘制	6	13	20				
总　　分	100						
教师签字:				年　月　日		得分	

七、作业

总结矿料合成级配曲线的绘制步骤。

任务三　土的击实曲线绘制

一、任务告知

1. 任务描述

试验数据的分析和整理是保证公路工程质量的一个关键,同时,公路工程施工过程需要大量的统计分析和计算,通过Excel可以节省大量重复的计算,从而提高效率。

本任务以击实试验数据处理为例进行介绍。

2. 教学目标

通过任务的学习,应达到以下要求:

(1)进一步熟悉Excel散点图绘制;

(2)掌握利用Excel趋势线完成击实曲线绘制、图解法求最大干密度和最佳含水率;

(3)了解趋势曲线公式求解最大干密度对应的最佳含水率。

3. 内容结构

本任务的内容结构,如图3-3-1所示。

图 3-3-1 内容结构

二、任务导入

1. 原始数据计算过程简介

（1）表 3-3-1 是击实试验记录的原始记录表，来自《公路工程土工试验规程》（JTG E40—2007），表中只做了 5 个点的试验，含水率检测每个点测量组，取平均值。

击实试验记录计算表 表3-3-1

	击实试验记录计算表									
校核者：				计算者：			试验者：			
土样编号		筒号		落距			45cm			
图样来源		筒容积（cm³）	997	每层击数			27			
试验日期		击锤质量（kg）	4.5	大于5mm颗粒含量						
干密度	试验次数	1		2		3		4		5
	筒+土质量(g)	2981.8		3057.1		3130.9		3215.8		3191.1
	筒质量(g)	1103		1103		1103		1103		1103
	湿土质量(g)									
	湿密度(g/cm³)									
	干密度(g/cm³)									
含水率	盒号									
	盒+湿土质量(g)	35.6	35.44	33.93	33.69	32.88	33.16	33.13	34.09	36.96	38.31
	盒+干土质量(g)	34.16	34.02	32.45	32.26	31.4	31.64	31.36	32.15	34.28	35.36
	盒质量(g)	20	20	20	20	20	20	20	20	20	20
	水质量(g)									
	干土质量(g)									
	含水率(%)									
	平均含水率（%）									
	最佳含水率=			最大干密度=						

（2）计算含水率

湿土质量 = （筒质量 + 土质量）- 筒质量

$$水质量 = (盒质量 + 湿土质量) - (盒质量 + 干土质量)$$
$$干土质量 = (盒质量 + 干土质量) - 盒质量$$
$$含水率 = 水质量/干土质量$$
$$平均含水率 = (含水率1 + 含水率2)/2 \quad (含水率检测每个点测量组,取平均值)$$

(3) 计算干密度
$$湿密度 = 湿土质量/997$$
$$干密度 = 湿密度/(1 + 含水率)$$

计算结果见表3-3-2,得到了绘制击实曲线用的含水率和对应的干密度。

最佳含水率和最大干密度的结果来自《公路工程土工试验规程》(JTG E40—2007)。

击实试验记录计算表　　　　　　　　　　　　　　　　　表3-3-2

\multicolumn{14}{c}{击实试验记录计算表}

	校核者:			计算者:				试验者:					
	土样编号		筒号		落距				45cm				
	图样来源		筒容积(cm³)	997	每层击数				27				
	试验日期		击锤质量(kg)	4.5	大于5mm颗粒含量								
	试验次数		1		2		3		4		5		
干密度	筒+土质量(g)		2981.8		3057.1		3130.9		3215.8		3191.1		
	筒质量(g)		1103		1103		1103		1103		1103		
	湿土质量(g)		1878.8		1954.1		2027.9		2112.8		2088.1		
	湿密度(g/cm³)		1.88		1.96		2.03		2.12		2.09		
	干密度(g/cm³)		1.71		1.75		1.79		1.83		1.76		
含水率	盒号												
	盒+湿土质量(g)	35.6	35.44	33.93	33.69	32.88	33.16	33.13	34.09	36.96	38.31
	盒+干土质量(g)	34.16	34.02	32.45	32.26	31.4	31.64	31.36	32.15	34.28	35.36
	盒质量(g)	20	20	20	20	20	20	20	20	20	20
	水质量(g)	1.44	1.42	1.48	1.43	1.48	1.52	1.77	1.94	2.68	2.95
	干土质量(g)	14.16	14.02	12.45	12.26	11.4	11.64	11.36	12.15	14.28	15.36
	含水率(%)	10.2	10.1	11.9	11.7	13	13.1	15.6	16	18.8	19.2
	平均含水率(%)	10.2		11.8		13.1		15.8		19	
	最佳含水率 = 15.0%				最大干密度 = 1.83g/cm³						

2. 图解法求最大干密度和最佳含水率(图3-3-2、图3-3-3)

以含水率(%)为横坐标、以干密度(g/cm³)为纵坐标,依次点绘(10.2,1.71)、(11.8,1.75)、

(13.0,1.80)、(15.8,1.83)、(19,1.76)5 个点,然后目估勾绘光滑的试验曲线得到图 3-3-3 试验曲线。从试验曲线读取(图解法,在最大值处用三角板或直尺)最大干密度和最佳含水率。

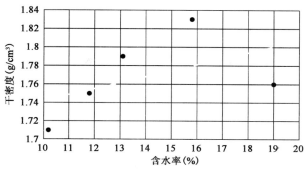

图 3-3-2　含水率与干密度的关系曲线(点出试验点位)

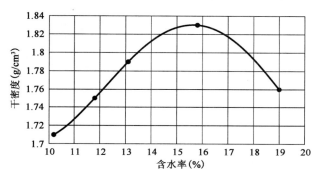

图 3-3-3　含水率与干密度的关系曲线(绘制光滑曲线)

三、技能操练

1. 制作表格

根据上述内容先编写制作记录计算空白表格,如图 3-3-4 所示。

图 3-3-4　击实曲线空白计算表

2. 填写原始记录

在图 3-3-4 中填入原始数据得到图 3-3-5。

	A	B	C	D	E	F	G	H	I	J	K	L	M
1					击实试验记录计算表								
2				校核者:						计算者:			
3		土样编号			筒号		落距				45cm		
4		图样来源			筒容积(cm³)	997	每层击数				27		
5		试验日期			击锤质量(kg)	4.5	大于5mm颗粒含量						
6			试验次数		1		2		3		4		5
7		干密度	筒+土质量(g)		2981.8		3057.1		3130.9		3215.8		3191.1
8			筒质量(g)		1103		1103		1103		1103		1103
9			湿土质量(g)										
10			湿密度(g/cm³)										
11			干密度(g/cm³)										
12													
13			盒号										
14			盒+湿土质量(g)		35.6	35.44	33.93	33.69	32.88	33.16	33.13	34.09	36.96	38.31
15			盒+干土质量(g)		34.16	34.02	32.45	32.26	31.4	31.64	31.36	32.15	34.28	35.36
16		含水率	盒质量(g)		20	20	20	20	20	20	20	20	20	20
17			水质量(g)										
18			干土质量(g)										
19			含水率(%)										
20			平均含水率(%)										
21				最佳含水率=					最大干密度=				

图 3-3-5 填入原始数据

3. 填写计算表格

在 D17 单元格中输入"= D14 - D15"。

在 D18 单元格中输入"= D15 - D16"。

在 D19 单元格中输入"= ROUND(100 * D17/D18, 1)",注意此时已将 D19 变换为百分数,同时保留一位小数。

同时选中 D17、D18、D19,拖拉至 M 列,得到图 3-3-6。

	A	B	C	D	E	F	G	H	I	J	K	L	M
1					击实试验记录计算表								
2				校核者:						计算者:			
3		土样编号			筒号		落距				45cm		
4		图样来源			筒容积(cm³)	997	每层击数				27		
5		试验日期			击锤质量(kg)	4.5	大于5mm颗粒含量						
6			试验次数		1		2		3		4		5
7		干密度	筒+土质量(g)		2981.8		3057.1		3130.9		3215.8		3191.1
8			筒质量(g)		1103		1103		1103		1103		1103
9			湿土质量(g)										
10			湿密度(g/cm³)										
11			干密度(g/cm³)										
12													
13			盒号										
14			盒+湿土质量(g)		35.6	35.44	33.93	33.69	32.88	33.16	33.13	34.09	36.96	38.31
15			盒+干土质量(g)		34.16	34.02	32.45	32.26	31.4	31.64	31.36	32.15	34.28	35.36
16		含水率	盒质量(g)		20	20	20	20	20	20	20	20	20	20
17			水质量(g)		1.44	1.42	1.48	1.43	1.48	1.52	1.77	1.94	2.68	2.95
18			干土质量(g)		14.16	14.02	12.45	12.26	11.4	11.64	11.36	12.15	14.28	15.36
19			含水率(%)		10.2	10.1	11.9	11.7	13	13.1	15.6	16	18.8	19.2
20			平均含水率(%)										
21				最佳含水率=					最大干密度=				

图 3-3-6 含水率计算

在 D20 中输入"=(D19+E19)/2",并选中 D20 拖拉至 L20,得到 5 个点对应的含水率代表值(平均值),见图 3-3-7。

图 3-3-7 平均含水率计算

在 D9 单元格中输入"=D7-D8"。
在 D10 单元格中输入"=ROUND(D9/$E$4,2)"。
在 D11 单元格中输入"=ROUND(D10/(1+0.01*D20),2)"。
同时选中 D9、D10、D11,拖拉至 L 列,得到图 3-3-8。

图 3-3-8 干密度计算

4. 绘制散点图

点取如图 3-3-9 选项,插入空白的图表。右击空白图表,在弹出式菜单中选择"选择数据"选项,见图 3-3-10。在图 3-3-10 中单击"添加"按钮,按着图 3-3-11 提示选择 X 轴系列数据和 Y 轴系列数据,系列名称输入"击实曲线",单击确定得到图 3-3-12。通过一些列格式调整,主要

是把 X 轴最小值定义为 10，得到图 3-3-2。

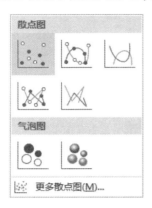

图 3-3-9 普通散点图

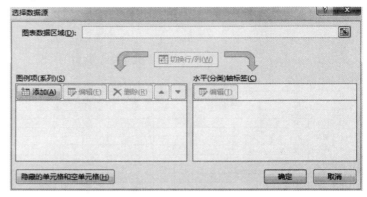

图 3-3-10 选择数据源对话框

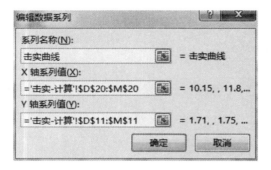

图 3-3-11 击实曲线绘图数据

图 3-3-12 选好数据的对话框

5. 利用趋势线

右键单击 5 个数据点中的任一点，在弹出式菜单（图 3-3-13）中选择添加趋势线，按图 3-3-14 设置趋势线格式，从中选择 4 次多项式最为合适（选择原因请见后面的讨论），经过格式调整得到图 3-3-3。

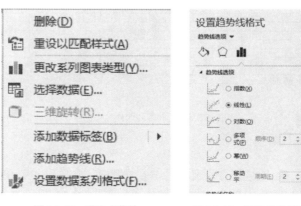

图 3-3-13 弹出式菜单　　图 3-3-14 设置趋势线格式

通过在图3-3-3的基础上修改"垂直轴次要网格线"和"水平轴次要网格线"的大小和格线颜色线形设置得到图3-3-15的网格状图形,在该图中,如果有必要可以用较大的显示比例放大4次抛物线顶部的最高点周边,并读取最大干密度(1.830g/cm³)和对应含水率(15.6%)——最佳含水率。

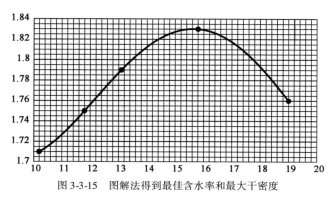

图3-3-15　图解法得到最佳含水率和最大干密度

四、技能深化

1. 各种趋势线的讨论

击实曲线的形状与土质关系密切,但总体呈抛物线状,采用二次抛物线的图形见图3-3-16,采用三次抛物线的图形见图3-3-17,采用四次多项式的图形见图3-3-15,根据对常见土质的研究,四次多项式对各种土质拟合最好。

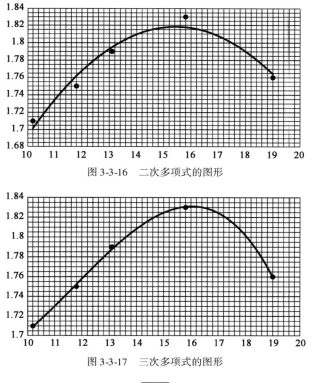

图3-3-16　二次多项式的图形

图3-3-17　三次多项式的图形

2. 趋势线回归公式的使用

在图3-3-18设置趋势线格式对话框中,下拉滚动条,勾选"显示公式""显示R",则图3-3-19的图形中增加了回归公式($y = 9 \times 10^{-5} x^4 - 0.0055 x^3 + 0.1224 x^2 - 1.1465 x + 5.5228$)和相关性($R^2 = 1$),详见图3-3-19。这样可以利用该式得到$x = 15.6$时,$y = 1.87$,这与图解法的干密度($1.83 \text{g/cm}^3$)相去甚远,关键问题是多项式系数取位太低。右击趋势线,在图3-3-20中选择坐标轴设置,选择显示10位小数,回归公式($y = 0.0000861109 x^4 - 0.0054505412 x^3 + 0.1223954061 x^2 - 1.1465431837 x + 5.5227888026$),此时$x = 15.6$,$y = 1.830179$,与结果十分接近,可见使用回归公式一定要注意多项式的系数,尤其是高次多项式系数。

图3-3-18 设置趋势线格式

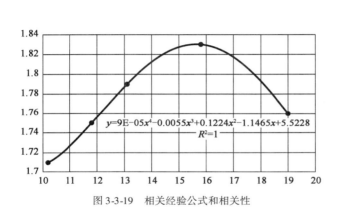

图3-3-19 相关经验公式和相关性

图3-3-20 设置趋势线回归公式多项式系数位数

3. 图解法的精度控制

从图3-3-15的图解法可以看出,要想有比较高的读取精度,就要放大足够的比例,一般情况下,100% ~200%的比例足以达到实用的精度要求。

五、技能归纳

本任务所学的击实曲线Excel的绘制方法首次引入趋势线来进行图解法求解,通过论证四次多项式对各种土的击实曲线模拟较好。基本步骤概括如下:

(1)编制有关表格;

(2)填写原始数据;

(3)数据计算公式录入与计算;

(4)曲线绘制与求解。

一旦确定了这一计算模板,在实践中,只要试验点的个数不变,输入原始数据,其他的均可以自动完成,较好地提高了工作效率。

六、考核评价

1. 学生自我评价

(1) 此次操练是否顺利?

(2) 若不顺利,请列出遇到的问题。

(3) 分析出现问题的原因,并提出修正方案。

(4) 您认为还需加强哪些方面的指导?

2. 学习任务评价表(表 3-3-3)

学习任务评价表　　　　　　　表 3-3-3

考核项目	分数			学生自评	小组互评	教师评价	小计
	差	中	好				
团队合作精神	6	13	20				
活动参与是否积极	6	13	20				
编写表格并填写原始数据	6	13	20				
表格计算	6	13	20				
击实曲线绘制和利用	6	13	20				
总　　分	100						
教师签字:				年　月　日		得分	

七、作业

利用个人在土力学课程中的试验数据完成击实曲线试验数据计算。

模块四　Excel 在道桥结构计算中的应用

【学习引导】

1. 技能目标

（1）掌握利用衡重式挡土墙计算辅助尺寸的方法；

（2）掌握利用衡重式挡土墙计算辅助工程数量的方法；

（3）掌握后张法预应力钢绞线伸长量计算的方法；

（4）掌握钢筋长度计算方法；

（5）掌握钢筋混凝土结构配筋计算的方法；

（6）掌握 Excel 的水泥路面设计计算步骤；

（7）掌握 Excel 复杂函数的录入技术。

2. 主要内容

模块四的主要内容结构，如图 4-0-1 所示。

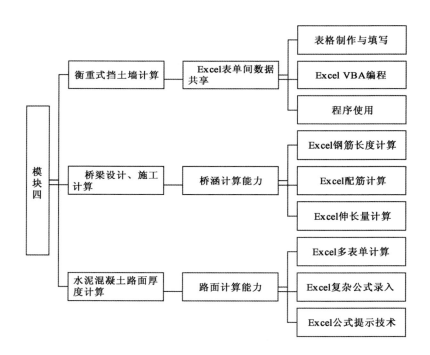

图 4-0-1　模块四的主要内容结构图

任务一 衡重式挡土墙计算

一、任务告知

1. 任务描述

衡重式挡土墙施工时,因原地面的变化造成的墙身高变化,其尺寸需重新拟定,但因其形状复杂,需利用 Excel 解决其施工测量数据准备和工程计量,保证施工质量,并提高工作效率。Excel 有很强的数据管理能力,本任务就 Excel 处理原始数据并自动计算断面尺寸、自动计算体积计算进行介绍。

2. 教学目标

通过本任务的学习,应达到以下要求:
(1)进一步熟悉 Excel VBA 编程;
(2)掌握利用衡重式挡土墙计算辅助尺寸的方法;
(3)掌握利用衡重式挡土墙计算辅助工程数量的方法。

3. 内容结构

本任务的内容结构,如图 4-1-1 所示。

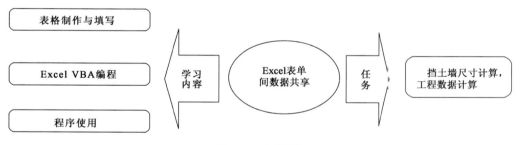

图 4-1-1 内容结构

二、任务导入

在公路施工中经常遇到衡重式挡土墙,和其他挡土墙施工一样,由于原地面高的变化造成的墙身高变化,从而造成挡土墙各部分尺寸的变化,施工测量和施工计量均应按实际的尺寸和高程进行。衡重式挡土墙因其形状复杂(与普通挡土墙相比),在尺寸拟定、体积计算方面工作量大。在施工图设计阶段,由于其尺寸拟定要综合考虑路线设计因素、路基设计因素、地基因素,目前的力学计算部分一般由岩土软件完成,而几何设计部分由路线设计软件完成。而实际施工中,施工单位按设计图提供的断面图和设计表格,然后根据现场实际情况和路线设计要求确定墙身高,进而根据墙身高确定的有关尺寸表格,利用有关尺寸进行施工放样和工程量计算。由于其断面尺寸按墙身高人工计算确定,造成设计工作效率低而且容易出错。如何把衡重式挡土墙尺寸拟定、体积计算整合在一起,特别是其断面尺寸拟定自动化、工程数量计算自动化是本任务研究的主要问题。

手工计算过程如下：

1. 衡重式挡土墙简介

表 4-1-1 是衡重式挡土墙标准墙高对应的尺寸与工程数量，对应关系详见图 4-1-2。

衡重式挡土墙标准墙高尺寸、工程数量表　　　表 4-1-1

墙高	顶宽	墙面坡度	墙背				基底坡度	墙趾宽	墙趾高	浆砌片石	浆砌片石
			上部		衡重台宽	下部					
			坡度	高度		坡度					
H	b_0	N_1	N_2	h_1	b_1	N_3	N_4	b_2	h_2	面积	V
m	m			m	m			m	m	m²	m³
2	0.5	0.1	0	1	0.39	0.25	0.2	0.4	0.8	2.5	3.6
3	0.5	0.1	0	1.4	0.75	0.25	0.2	0.4	0.8	4.2	8.2
4	0.5	0.1	0.05	1.8	1.02	0.25	0.2	0.4	0.8	6.4	17.7
5	0.5	0.1	0.13	2.2	1.28	0.25	0.2	0.4	0.8	9.7	38.9
6	0.75	0.1	0.17	2.64	1.65	0.25	0.2	0.4	0.8	15.7	92.3
7	0.75	0.1	0.23	3.08	1.89	0.25	0.2	0.4	0.8	20.9	170.7
8	0.75	0.1	0.26	3.52	2.23	0.25	0.2	0.4	0.8	26.9	297.0
10	0.75	0.1	0.31	5.28	2.84	0.25	0.2	0.4	0.8	42.2	880.5

图 4-1-2 中可以看出各部分尺寸的具体含义，需要特别指出的是 H（墙高）未包括基础高度 (h_2)，$1:N_2$、b_1 和 $1:N_3$ 围成的折线形墙背，尤其是 b_1（衡重式台）的存在，增大了该型挡土墙的抗倾覆稳定性，这是对衡重式挡土墙受力有利的因素。基地有一个倾斜坡度 $N_4:1$，有助于提高挡土墙的抗滑稳定性。

从图 4-1-2、图 4-1-3 看，与 H（墙高）无关的尺寸（坡度）有：N_1、N_3、N_4、b_2、h_2。

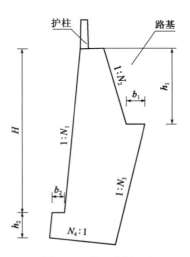 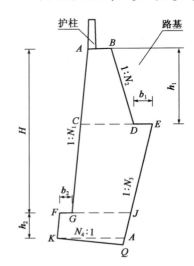

图 4-1-2　挡土墙断面图　　　图 4-1-3　挡土墙断面面积分块图

从图 4-1-2、图 4-1-3 看,与 H(墙高)有关的尺寸(坡度)有:b_0、N_2、b_1、浆砌片石面积、浆砌片石体积。

2. 计算过程

整个工作流程概括为:数据现场采集→墙身高拟定→尺寸拟定与计算→面积计算→体积计算。

(1)数据现场采集

首先现场放出挡土墙所在段落分段位置中桩,根据挡土墙平面位置(图 4-1-4、图 4-1-5),测量挡土墙埋置位置地面高并予以记录。

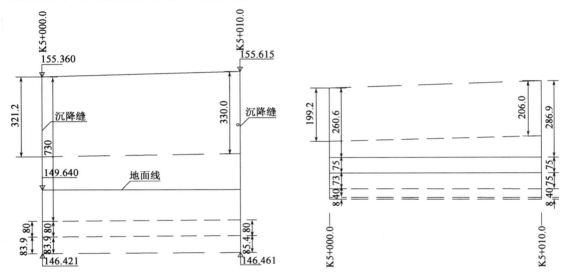

图 4-1-4　衡重式挡土墙立面图(尺寸单位:cm;高程单位:m)　　图 4-1-5　衡重式挡土墙平面图(尺寸单位:cm)

(2)墙身高拟定

如果实测地面高与原设计(图 4-1-5)地面高一致,则不需要调整墙身高。如果有变化(尤其是埋深不足时)则需要调整墙身高,以保证挡土墙基础埋深(由设计提供)。

(3)尺寸拟定与计算

按表 4-1-1,根据墙身高采用线性插值法,拟定各部分尺寸和坡度。

尺寸坡度的内插计算。实际施工时,因为地面高程导致的基地高程的变化,经常出现 H(墙高)与表 4-1-1 第一列不对应(即不是 2m、3m、4m、5m、6m、7m、8m、10m)中的数值,这时需要根据调整,例如 K0+000 处,$H=7.3m$,此时 $7m<H<8m$,需要进行内插计算,内插计算时,采用线性内插,计算的结果见表 4-1-2,各计算公式为:

$$N_2 = 0.23 + \frac{0.26 - 0.23}{8 - 7} \times (7.3 - 7) = 0.239 \quad (4\text{-}1\text{-}1)$$

$$h_1 = 3.08 + \frac{3.52 - 3.08}{8 - 7} \times (7.3 - 7) = 3.212 \quad (4\text{-}1\text{-}2)$$

$$b_1 = 1.89 + \frac{2.23 - 1.89}{8 - 7} \times (7.3 - 7) = 1.992 \quad (4\text{-}1\text{-}3)$$

式(4-1-1)~式(4-1-3)中各数字含义见表4-1-2、图4-1-2、图4-1-3。

尺寸内插计算　　表4-1-2

墙高	顶宽	墙面坡度	墙背				基底坡度	墙趾宽	墙趾高	浆砌片石	浆砌片石
			上部		衡重台宽	下部					
			坡度	高度		坡度					
H(m)	b_0(m)	N_1	N_2	h_1(m)	b_1(m)	N_3	N_4	b_2(m)	h_2(m)	面积(m^2)	V(m^3)
7	0.75	0.1	0.23	3.08	1.89	0.25	0.2	0.4	0.8	20.9	170.7
7.3	0.75	0.1	0.239	3.212	1.992	0.25	0.2	0.4	0.8	22.7	208.59
8	0.75	0.1	0.26	3.52	2.23	0.25	0.2	0.4	0.8	26.9	297.0

(4)面积计算

根据前述拟定的尺寸计算各沉降缝位置衡重式挡土墙的断面面积,面积计算按图4-1-2分块计算。

$$\text{浆砌片石面积}=20.9+\frac{26.9-20.9}{8-7}\times(7.3-7)=22.7(\text{m}^2) \tag{4-1-4}$$

式(4-1-4)中各数字含义见表4-1-2、图4-1-2、图4-1-3。

面积的计算可以采用图4-1-3的方法划分成4个图形(*ABCD*梯形、*CEGJ*梯形、*FJKA*梯形、*KAQ*三角形),分别求其面积再求和。

(5)体积计算

根据相邻两沉降缝间段落的长度、断面面积计算衡重式挡土墙的圬工体积,计算公式采用棱台的计算公式即可。

$$\text{浆砌片石体积}=170.7+\frac{297-170.7}{8-7}\times(7.3-7)=208.59(\text{m}^3) \tag{4-1-5}$$

式(4-1-5)中各数字含义见表4-1-2、图4-1-2、图4-1-3。

三、技能操练

1. 制作表格

根据上述内容先编写制作记录计算空白表格,如图4-1-6所示。

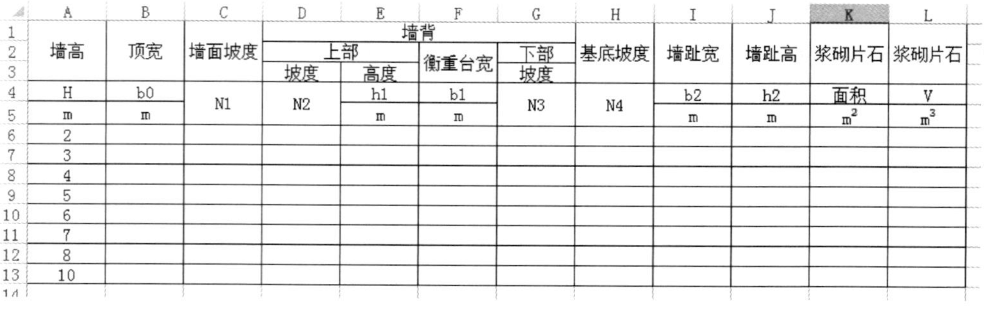

	A	B	C	D	E	F	G	H	I	J	K	L
1	墙高	顶宽	墙面坡度	墙背				基底坡度	墙趾宽	墙趾高	浆砌片石	浆砌片石
2				上部		衡重台宽	下部					
3				坡度	高度		坡度					
4	H	b0	N1	N2	h1	b1	N3	N4	b2	h2	面积	V
5	m	m			m	m			m	m	m^2	m^3
6	2											
7	3											
8	4											
9	5											
10	6											
11	7											
12	8											
13	10											
14												

图4-1-6　衡重式挡土墙计算空白表

2. 填写原始记录

在图 4-1-6 中填入标准墙高的数据得到图 4-1-7,图 4-1-7 数据与表 4-1-1 对应。

	A	B	C	D	E	F	G	H	I	J	K	L
1						墙背						
2	墙高	顶宽	墙面坡度	上部		衡重台宽	下部	基底坡度	墙趾宽	墙趾高	浆砌片石	浆砌片石
3				坡度	高度		坡度				面积	
4	H	b0	N1	N2	h1	b1	N3	N4	b2	h2	面积	V
5	m	m			m	m			m	m	m^2	m^3
6	2	0.5	0.1	0	1	0.39	0.25	0.2	0.4	0.8	2.5	3.6
7	3	0.5	0.1	0	1.4	0.75	0.25	0.2	0.4	0.8	4.2	8.2
8	4	0.5	0.1	0.05	1.8	1.02	0.25	0.2	0.4	0.8	6.4	17.7
9	5	0.5	0.1	0.13	2.2	1.28	0.25	0.2	0.4	0.8	9.7	38.9
10	6	0.75	0.1	0.17	2.64	1.65	0.25	0.2	0.4	0.8	15.7	92.3
11	7	0.75	0.1	**0.23**	**3.08**	**1.89**	0.25	0.2	0.4	0.8	20.9	170.7
12	8	0.75	0.1	**0.26**	**3.52**	**2.23**	0.25	0.2	0.4	0.8	26.9	297.0
13	10	0.75	0.1	0.31	5.28	2.84	0.25	0.2	0.4	0.8	42.2	880.5

图 4-1-7　衡重式挡土墙计算用标准墙高数据表

3. 编写程序

程序源代码中在分段位置对程序进行了功能描述,个别的还在语句后面按 VBA 的语言格式进行了注释。

主程序"计算"按钮对应的代码如下:

```
Private Sub Command Button1_Click( )
    sheets("sheet2").Select  '激活 sheet2' 自动判断墙身高数据个数
    Dim 墙身高数据个数 As Integer
    墙身高数据个数 = 0
    For i = 6 To 70000
        If Worksheets("sheet2").Cells(i, 1) > 0 Then  '图 8 的 A 列 15 行的"-100"是桩号系列的终止符
            墙身高数据个数 = 墙身高数据个数 + 1
        Else
            Exit For
        End If
    Next i
    Range("M6:M60000").ClearContents
    '按 sheet1 给定数据插值计算各部分尺寸,并计算断面面积
    ReDim area(墙身高数据个数 + 5) As Double
    For i = 6 To 6 + 墙身高数据个数 - 1
        H = Worksheets("sheet2").Cells(i, 2)
        For j = 6 To 12
            If H > Worksheets("sheet1").Cells(j, 1) And H <= Worksheets("sheet1").Cells(j + 1, 1) Then
                b0 = chazhi(Worksheets("sheet1").Cells(j, 1), Worksheets("sheet1").Cells(j + 1, 1), _
```

Worksheets("sheet1").Cells(j, 2), Worksheets("sheet1").Cells(j + 1, 2), H)
　　N1 = chazhi(Worksheets("sheet1").Cells(j, 1), Worksheets("sheet1").Cells(j + 1, 1), _
Worksheets("sheet1").Cells(j, 3), Worksheets("sheet1").Cells(j + 1, 3), H)
　　N2 = chazhi(Worksheets("sheet1").Cells(j, 1), Worksheets("sheet1").Cells(j + 1, 1), _
Worksheets("sheet1").Cells(j, 4), Worksheets("sheet1").Cells(j + 1, 4), H)
　　h1 = chazhi(Worksheets("sheet1").Cells(j, 1), Worksheets("sheet1").Cells(j + 1, 1), _
Worksheets("sheet1").Cells(j, 5), Worksheets("sheet1").Cells(j + 1, 5), H)
　　b1 = chazhi(Worksheets("sheet1").Cells(j, 1), Worksheets("sheet1").Cells(j + 1, 1), _
Worksheets("sheet1").Cells(j, 6), Worksheets("sheet1").Cells(j + 1, 6), H)
　　N3 = chazhi(Worksheets("sheet1").Cells(j, 1), Worksheets("sheet1").Cells(j + 1, 1), _
Worksheets("sheet1").Cells(j, 7), Worksheets("sheet1").Cells(j + 1, 7), H)
　　N4 = chazhi(Worksheets("sheet1").Cells(j, 1), Worksheets("sheet1").Cells(j + 1, 1), _
Worksheets("sheet1").Cells(j, 8), Worksheets("sheet1").Cells(j + 1, 8), H)
　　b2 = chazhi(Worksheets("sheet1").Cells(j, 1), Worksheets("sheet1").Cells(j + 1, 1), _
Worksheets("sheet1").Cells(j, 9), Worksheets("sheet1").Cells(j + 1, 9), H)
　　h2 = chazhi(Worksheets("sheet1").Cells(j, 1), Worksheets("sheet1").Cells(j + 1, 1), _
Worksheets("sheet1").Cells(j, 10), Worksheets("sheet1").Cells(j + 1, 10), H)
　　Worksheets("sheet2").Cells(i, 12) = chazhi(Worksheets("sheet1").Cells(j, 1), _Worksheets("sheet1").Cells(j + 1, 1), Worksheets("sheet1").Cells(j, 11), _Worksheets("sheet1").Cells(j + 1, 11), H)
　　Worksheets("sheet2").Cells(i,3) = b0
　　Worksheets("sheet2").Cells(i,4) = N1
　　Worksheets("sheet2").Cells(i,5) = N2
　　Worksheets("sheet2").Cells(i,6) = h1
　　Worksheets("sheet2").Cells(i,7) = b1
　　Worksheets("sheet2").Cells(i,8) = N3
　　Worksheets("sheet2").Cells(i,9) = N4
　　Worksheets("sheet2").Cells(i,10) = b2
　　Worksheets("sheet2").Cells(i,11) = h2
　　AB = b0
　　CDE = b1 + b0 + h1 * (N1 + N2)
　　CD = CDE - b1
　　GJ = CDE + (H - h1) * (N1 - N3)
　　FGJ = b2 + GJ
　　KP = FGJ + h2 * N1 - h2 * N3
　　PQK = 3.1415926 - (Atn(1/N3) + Atn(N4))
　　KQ = Sin(Atn(1/N3)) * KP/Sin(PQK)
　　DH = KQ * Sin(Atn(N4))

$S = (AB+CD)/2*h1 + (CDE+GJ)/2*(H-h1) + (FGJ+KP)/2*h2 + KP/2*DH$

Worksheets("sheet2").Cells(i,12) = S

Worksheets("sheet2").Cells(i,15) = CD

Worksheets("sheet2").Cells(i,16) = GJ

Worksheets("sheet2").Cells(i,17) = KP

Worksheets("sheet2").Cells(i,18) = KQ

Worksheets("sheet2").Cells(i,19) = DH

EndIf

Next j

area(i) = S

Next i

'计算挡土墙体积,并按桩号段落显示在 sheet2 中

For i = 7 To 6 + 墙身高数据个数 – 1

L = Worksheets("sheet2").Cells(i,1) – Worksheets("sheet2").Cells(i-1,1)

'采用棱台体积公式法求各段体积

Worksheets("sheet2").Cells(i,13) = (area(i-1) + area(i) + Sqr(area(i-1)*area(i)))/3*L

Next i

End

End Sub

以下是插值的子程序：

Public Function chazhi(a1, a2, b1, b2, aa) ,线性插值子程序

chazhi = b1 + (aa – a1)/(a2 – a1) * (b2 – b1)

End Function

4. 程序运行示例

其中,整数墙身高及其尺寸设计表格数据输入见图 4-1-7,分段输入挡土墙墙身高见图 4-1-8 第二列,插值结果见图 4-1-8 第 3～11 列,计算各特征断面尺寸结果见图 4-1-8 第 15～19 列,计算分段挡土墙面积见图 4-1-8 第 12 列,体积见图 4-1-8 第 13 列,各段体积放在尾桩号。

	A	B	C	D	E	F	G	H	I	J	K	L	M	N	O	P	Q	R	S
1				墙面坡度	墙背			基底坡度	墙趾宽	墙趾高	浆砌片石	浆砌片石						
2					上部	衡重台宽	下部												
3	桩号	墙高	顶宽		坡度	高度	坡度								CD	GJ	KP	KQ	DH
4		H	b0	N1	N2	h1	b1	N3	N4	b2	h2	面积	V						
5		m	m			m	m			m	m	m²	m³	尺寸	m	m	m	m	m
6	5000	7.3	0.750	0.1	0.239	3.212	1.992	0.25	0.2	0.4	0.8	22.58			1.839	3.218	3.498	3.397	0.666
7	5010	7.5	0.750	0.1	0.245	3.300	2.060	0.25	0.2	0.4	0.8	23.77	231.7		1.889	3.319	3.599	3.495	0.685
8	5020	7.75	0.750	0.1	0.2525	3.410	2.145	0.25	0.2	0.4	0.8	25.33	245.5		1.952	3.446	3.726	3.619	0.710
9	5030	8.05	0.750	0.1	0.2613	3.564	2.245	0.25	0.2	0.4	0.8	27.27	262.9		2.037	3.610	3.878	3.775	0.741
10	5040	8.325	0.750	0.1	0.2681	3.806	2.329	0.25	0.2	0.4	0.8	29.14	282.0		2.151	3.802	4.082	3.965	0.778
11	5050	8.575	0.750	0.1	0.2744	4.026	2.405	0.25	0.2	0.4	0.8	30.90	300.1		2.257	3.980	4.260	4.138	0.811
12	5060	8.8	0.750	0.1	0.28	4.224	2.474	0.25	0.2	0.4	0.8	32.53	317.1		2.355	4.143	4.423	4.296	0.842
13	5075	9.1	0.750	0.1	0.2875	4.488	2.566	0.25	0.2	0.4	0.8	34.80	504.9		2.489	4.363	4.643	4.509	0.884
14	5090	9.46	0.750	0.1	0.2965	4.805	2.675	0.25	0.2	0.4	0.8	37.64	543.2		2.655	4.632	4.912	4.771	0.936
15	-100																		
16																			

图 4-1-8 计算成果表

四、技能深化

1. 采用表格编写与 VBA 的对比

（1）利用插入模块建立下述自定义函数,用于后面的插值计算,（a1,b1）、（a2,b2）分别为插值的依据,代码如下:

```
Functionchazhi（a1，a2，b1，b2，aa）
chazhi ＝ b1 ＋ （aa － a1）／（a2 － a1）* （b2 － b1）
End Function
```

（2）插入计算公式

在 A15 单元格中输入"7.3",在 B15 单元格输入"＝chazhi（＄A＄11，＄A＄12,B11,B12,7.3）",得到 0.75 的结果,拖动 B15～15 则得到所有需要插值的值,见图 4-1-9。

	A	B	C	D	E	F	G	H	I	J	K	L
1						墙背						
2	墙高	顶宽	墙面坡度	上部		衡重台宽	下部坡度	基底坡度	墙趾宽	墙趾高	浆砌片石	浆砌片石
3				坡度	高度							
4	H	b0	N1	N2	h1	b1	N3	N4	b2	h2	面积	V
5	m	m			m	m			m	m	m²	m³
6	2	0.5	0.1	0	1	0.39	0.25	0.2	0.4	0.8	2.5	3.6
7	3	0.5	0.1	0	1.4	0.75	0.25	0.2	0.4	0.8	4.2	8.2
8	4	0.5	0.1	0.05	1.8	1.02	0.25	0.2	0.4	0.8	6.4	17.7
9	5	0.5	0.1	0.13	2.2	1.28	0.25	0.2	0.4	0.8	9.7	38.9
10	6	0.75	0.1	0.17	2.64	1.65	0.25	0.2	0.4	0.8	15.7	92.3
11	7	0.75	0.1	**0.23**	**3.08**	**1.89**	0.25	0.2	0.4	0.8	20.9	170.7
12	8	0.75	0.1	**0.26**	**3.52**	**2.23**	0.25	0.2	0.4	0.8	26.9	297.0
13	10	0.75	0.1	0.31	5.28	2.84	0.25	0.2	0.4	0.8	42.2	880.5
14												
15	7.3	0.75	0.1	0.239	3.212	1.992	0.25	0.2	0.4	0.8	22.6773	208.5569
16												

图 4-1-9　直接输入公式的插值计算

（3）为了防止引用错误,建议计算后对数值进行粗略比对,看插值是否在可能的范围内。

2. 问题说明

体积计算采用棱台体积计算精度相对较高,棱台体积公式为:

$$V = \frac{上底面积 + 下底面积 + \sqrt{上底面积 \times 下底面积}}{3} \times 棱台高度$$

3. 图 4-1-3 中 *KAQ* 三角形面积求解讨论

图 4-1-3 中 *KAQ* 三角形面积求解是一个难点,第一个直观的方法就是在 AutoCAD 中按1∶1 的比例画出图形,利用面积查询的方法得到面积,当然可以查询到三角形的高。利用几何方法求解,可以先假定该三角形的高试算,利用 *KQ* 的坡度（N_4:1）及 *KQ* 对应水平投影的长度求出以 *KA* 为底的三角形的高,试算值与假定值相差较大时,以计算值作为假定值重新计算,直到二者相差很小,最终得到该三角形的面积。有困难时,可以借助解析几何,以 *K* 点位坐标原点、水平向右为 *X* 轴正向、竖直向上为 *Y* 轴正向,求 *EQ* 直线方程、*KQ* 直线方程交点的方法,得到 *Q* 点坐标,从而精确求得三角形的高。

五、技能归纳

挡土墙设计的基本步骤概括如下：
(1)编制表格,见图4-1-6。
(2)填写标准数据,见图4-1-7。
(3)运行程序,见图4-1-8。
(4)结果使用,对结果进行经验性检查后用于后续工作。

六、考核评价

1.学生自我评价

(1)此次操练是否顺利?
(2)若不顺利,请列出遇到的问题。
(3)分析出现问题的原因,并提出修正方案。
(4)您认为还需加强哪些方面的指导?

2.学习任务评价表(表4-1-3)

学习任务评价表　　　　　　　　　　　表4-1-3

考核项目	分数			学生自评	小组互评	教师评价	小计
	差	中	好				
团队合作精神	6	13	20				
活动参与是否积极	6	13	20				
编写表格并填写标准数据	6	13	20				
程序使用	6	13	20				
表格计算	6	13	20				
总分	100						
教师签字:				年　月　日		得分	

七、作业

挡土墙施工时,因地面高程变低,而埋深保持原设计时,造成墙身高变大后,写出利用Excel进行工程数量的计算步骤。

任务二　桥梁设计、施工计算

一、任务告知

1.任务描述

针对公路桥涵设计和桥涵施工现场的需要,钢筋的加工、钢筋混凝土结构配筋设计、预应力的张拉伸长量的计算等均是在设计或施工中遇到的问题。

钢筋混凝土梁配筋计算、钢筋长度、预应力筋伸长值计算在设计院一般通过各种软件计算完成或手算完成,无法对计算过程进行干预,只能按原软件开发思路使用,遇到规范更新等问题只好购买新的软件。这样不利于专业积累而且维护和使用成本高。引入 Excel 来进行计算书的编写,既具有计算准确高效的特点,又能直观检查,是最为适宜的计算工具。

2. 教学目标

通过本任务的学习,应达到以下要求:

(1)掌握后张法预应力钢绞线伸长量的计算方法;

(2)掌握钢筋长度计算方法;

(3)掌握钢筋混凝土结构配筋的计算。

3. 内容结构

本任务的内容结构如图 4-2-1 所示。

图 4-2-1　内容结构

二、任务导入

1. 钢筋长度计算

本计算通过 3 个表格完成,第一个是计算表格(也叫主控表格,见表 4-2-1),第二个是弯钩增长表格(表 4-2-2),第三个是弯起折减表格(表 4-2-3)。计算表 4-2-1 数据时,首先输入带计算长度的钢筋等级(1、2 分别代表Ⅰ级钢筋和Ⅱ级钢筋)、钢筋直径、各种弯钩数和弯起数,在表 4-2-2、表 4-2-3 中填入规定的弯钩增长值和折减值。计算钢筋长度的公式为:折线轮廓长度 + 所有弯钩增长值 − |所有折减值|,以表 4-2-1 情况为例,钢筋长度 = 1349.2 + (2 × 11.8) − |(4 × 1.2 + 4 × 3.6)| = 1353.6,即钢筋长度 = 1349.2 + (2 × 11.8) + 4 × (−1.2) + 4 × (−3.6) = 1353.6。

钢筋下料长度计算　　　　　　　　　　　　　　表 4-2-1

原　始　数　据		Ⅰ级钢筋(折减、增长,cm)	Ⅱ级钢筋(折减、增长,cm)
钢筋等级	2		
钢筋直径(mm)	28		
折线轮廓长度(cm)	1349.2		
90°弯钩(处)	2	9.8	11.8
135°弯钩(处)	0	13.6	0
180°弯钩(处)	0	17.5	0
45°弯折(处)	4	−1.2	−1.2
90°弯折(处)	4	−2.1	−3.6
下料长度(cm)			1353.6

钢筋弯钩增长值　　　　　　　　　　　　　　　　　　　　表 4-2-2

钢筋直径 (mm)	弯钩增长值(cm)				理论质量 (kg/m)	螺纹钢筋外径 (mm)
	光圆钢筋			螺纹钢筋		
	90	135	180	90		
10	3.5	4.9	6.3	4.2	0.617	11.3
12	4.2	5.8	7.5	5.1	0.888	13.0
14	4.9	6.8	8.8	5.9	1.210	15.5
16	5.6	8.0	10.0	6.7	1.580	17.5
18	6.3	8.8	11.3	7.6	2.000	20.0
20	7.0	9.7	12.5	8.4	2.470	22.0
22	7.7	10.7	13.8	9.3	2.980	24.0
25	8.8	12.2	15.6	10.5	3.850	27.0
28	9.8	13.6	17.5	11.8	4.830	30.0
32	11.2	15.6	20.0	13.5	6.310	34.5
36	12.6	17.5	22.5	15.2	7.990	39.3
40	14.0	19.5	25.0	16.8	9.870	43.5

弯起折减值　　　　　　　　　　　　　　　　　　　　　　表 4-2-3

	钢筋类别	钢筋直径(mm)	10	12	14	16	18	20	22	25	28	32	36	40
弯折修正	光圆钢筋	45°		-0.5	-0.6	-0.7	-0.8	-0.9	-0.9	-1.1	-1.2	-1.4	-1.5	-1.7
		90°	-0.8	-0.9	-1.1	-1.2	-1.4	-1.5	-1.7	-1.9	-2.1	-2.4	-2.7	-3.0
	螺纹钢筋	45°		-0.5	-0.6	-0.7	-0.8	-0.9	-0.9	-1.1	-1.2	-1.4	-1.5	-1.7
		90°	-1.3	-1.5	-1.8	-2.1	-2.3	-2.6	-2.8	-3.2	-3.6	-4.1	-4.6	-5.2

2. 单筋矩形截面梁配筋计算

(1) 已知条件和求解问题

图 4-2-2 是单筋矩形截面梁配筋计算用图,其中梁宽 $b = 250\text{mm} = 0.25\text{m}$,梁高 $h = 550\text{mm} = 0.55\text{m}$,混凝土抗压设计强度 $f_{cd} = 9.2 \times 10^6 \text{Pa}$,混凝土抗拉设计强度 $f_{td} = 1.06 \times 10^6 \text{Pa}$,钢筋设计强度 $f_{sd} = 195 \times 10^6 \text{Pa}$,计算弯矩 $M_d = 100 \times 10^3 \text{N} \cdot \text{m}$,受压区高度系数 $\xi_b = 0.62$,结构重要系数 $\gamma_0 = 1.1$。

根据以上已知条件,确定钢筋面积(A_g)和钢筋重心(a_g)距底边厚度。

(2) 核心计算公式计算过程举例

①计算受压区高度

假定钢筋重心距底边厚度 $a_g = 0.04(\text{m})$。

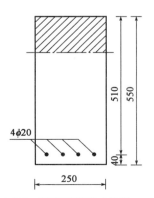

图 4-2-2　截面配筋(尺寸单位:mm)

截面有效高度 $h_0 = h - a_g = 0.51(\text{m})$。

计算受压区高度 x，计算公式需要求解一元二次方程，见式(4-2-1)：

$$x^2 \left(\frac{f_{cd} \times b}{2\gamma_0} \right) - x \left(\frac{f_{cd} \times b \times h_0}{\gamma_0} \right) + M_d = 0 \quad (4-2-1)$$

带入有关系数得：$x_1 = 0.104(\text{m})$，$x_2 = 0.915(\text{m})$，显然 x_2 不合题意，取 $x = 0.104\text{m}$，此时 $x = 0.104\text{m} < \xi_b \times h_0 = 0.62 \times 0.51 = 0.3162$，说明受压区高度合理。

②计算受拉钢筋截面积，见式(4-2-2)

$$A_g = \frac{f_{cd} \times b \times x}{f_{sd}} = 0.0012267(\text{m}^2) \quad (4-2-2)$$

这是钢筋面积的理论需求值。

③钢筋的选用

选择用直径 $d = 0.020\text{m}$ 的钢筋，钢筋根数 $n = 4$(根)，实际钢筋面积判断见式(4-2-3)：

$$A'_g = n \times d = 0.0012566(\text{m}^2) > A_g \quad (4-2-3)$$

式(4-2-3)满足上一步计算需要，而且 A_g 和 A'_g 十分接近，该钢筋面积合格。

④验算配筋率

此步省略。

3. 后张法预应力钢绞线伸长量的计算

施工现场中，由于钢绞线等预应力材料的截面积、模量变化、长度变化时对应伸长量也会发生一定的变化，现场快速准确计算伸长量要注意现场材料在参数上与设计值是否有区别，计算值与设计值不一致的，要深入研究原因。

(1)已知条件和求解问题

已知条件：x、P、K、μ、θ、A_p、E_p[其逻辑关系见式(4-2-1)、式(4-2-2)，其余含义见表4-2-4的有关说明]。

求解变量：ΔL(预应力筋的理论伸长值)。

中间变量：P_p(预应力筋的平均张拉力)。

变量说明　　　　　　　　　　　　　　　表4-2-4

已知条件	备注/说明
x	从张拉端至计算截面的孔道长度(m)
L	从张拉端至计算截面的孔道长度(mm)
P	预应力筋张拉端的张拉力(N)
k	孔道每米局部偏差对摩擦的影响系数
μ	预应力筋与孔道壁的摩擦系数
θ	从张拉端至计算截面曲线孔道部分切线的夹角之和(rad)
A_p	预应力筋的截面积(mm²)
E_p	预应力筋的弹性模量(N/mm²)
计算结果	备注/说明
P_p	预应力筋的平均张拉力(N)
ΔL	预应力筋的理论伸长值(mm)

(2) 核心计算公式计算过程举例

图 4-2-3 中钢绞线长度单位为 cm。预应力筋的平均张拉力 P_p(4-2-4)式,预应力筋的理论伸长值为 ΔL(4-2-5)式。

$$\Delta L = \frac{P_p L}{A_p E_p} \qquad (4\text{-}2\text{-}4)$$

$$P_p = \frac{P[1 - e^{-(kx+\mu\theta)}]}{kx + \mu\theta} \qquad (4\text{-}2\text{-}5)$$

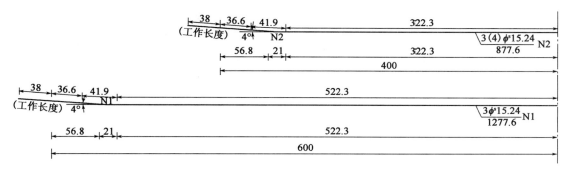

图 4-2-3 预应力钢绞线设计图(尺寸单位:cm)

三、技能操练

1. 钢筋长度计算

(1) 设计表格

输入图 4-2-4 的表格。

	A	B	C	D
1	钢筋下料长度计算			
2	原始数据		I级钢筋(折减、增长,cm)	II级钢筋(折减、增长,cm)
3	钢筋等级			
4	钢筋直径(mm)			
5	折线轮廓长度(cm)			
6	90°弯钩(处)			
7	135°弯钩(处)			
8	180°弯钩(处)			
9	45°弯折(处)			
10	90°弯折(处)			
11	下料长度(cm)			

图 4-2-4 计算表格

(2) 输入计算公式

在 C11 单元格输入" = IF(B3 = 1,ROUND(B5 + B6 * C6 + B7 * C7 + B8 * C8 + B9 * C9 + B10 * C10,1),"不是I级钢筋")",在 D11 单元格输入" = IF(B3 = 2,ROUND(B5 + B6 * D6 + B7 * D7 + B8 * D8 + B9 * D9 + B10 * D10,1),"不是II级钢筋")"。

（3）填入数据计算

依据前面算例，在图 4-2-5 中填入对应数据，得到钢筋长度 1353.6cm。

	A	B	C	D
1	钢筋下料长度计算			
2	原始数据		I级钢筋（折减、增长，cm）	II级钢筋（折减、增长，cm）
3	钢筋等级	2		
4	钢筋直径（mm）	28		
5	折线轮廓长度（cm）	1349.2		
6	90°弯钩（处）	2		11.8
7	135°弯钩（处）	0		0
8	180°弯钩（处）	0		0
9	45°弯折（处）	4		-1.2
10	90°弯折（处）	4		-3.6
11	下料长度（cm）		不是一级钢筋	1353.6

图 4-2-5　填写数据

2. 单筋矩形截面梁配筋的 Excel 计算

（1）设计表格

输入图 4-2-6 的表格，Ag 之所以定义为"AgL"是为了后面定义名称方便，因为 Excel 软件中大小写在变量名中无法区分。

（2）输入计算公式

定义图 4-2-6 中的已知条件数据和计算过程数据所有对应表格为对应变量名称，如 B3 单元格定义为"b"，定义过程参照图 4-2-7。

	A	B	C	D
1	单筋矩形截面梁配筋计算			
2	已知条件		计算过程	
3	b (m)		ag (m)	
4	h (m)		h0 (m)	
5	fcd (Pa)		x (m)	
6	ftd (Pa)		AgL (m²)	
7	fsd (Pa)		d (m²)	
8	Md (N·m)		n	
9	ζ b		Ag' (m²)	
10	γ 0		方案合格？	
11				

图 4-2-6　计算表格

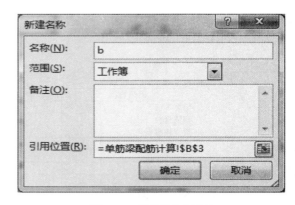

图 4-2-7　定义名称对话框

在 D4 单元格中输入"= h - ag"。

在 D5 单元格中输入"= ((fcd * b * h0/γ0) - SQRT((fcd * b * h0/γ0)^2 - 4 * (fcd * b/γ0/2) * Md))/(2 * (fcd * b/γ0/2))"。

在 D6 单元格中输入"= fcd * b * x/fsd"。

在 D9 单元格中输入"= n * d"。

在 D10 单元格中输入"= IF(Ag' > = AgL,"合格","不合格")"。

(3)填入数据计算

依据表 4-2-1～表 4-2-3,在图 4-2-5 中填入对应数据,在图 4-2-8 中得到:$d=0.02$ m 时,需要配筋根数 $n=4$,设计方案合格的结论。

	A	B	C	D
1	单筋矩形截面梁配筋计算			
2	已知条件		计算过程	
3	b (m)	0.25	ag (m)	0.04
4	h (m)	0.55	h0 (m)	0.51
5	fcd (Pa)	9200000	x (m)	0.1044783
6	ftd (Pa)	1060000	AgL (m²)	0.0012323
7	fsd (Pa)	195000000	d(m²)	0.02
8	Md (N·m)	100000	n	4
9	ζb	0.62	Ag' (m²)	0.03
10	γ0	1.1	方案合格?	合格
11				

图 4-2-8 单筋矩形截面梁配筋计算表格

3. 后张法伸长量的 Excel 计算

(1)设计表格

输入图 4-2-9 的计算表格。

	A	B	C
1	已知条件	数值	备注/说明
2	x=		从张拉端至计算截面的孔道长度(m)
3	L=		从张拉端至计算截面的孔道长度(mm)
4	P=		预应力筋张拉端的张拉力(N)
5	k=		孔道每米局部偏差对摩擦的影响系数
6	μ=		预应力筋与孔道壁的摩擦系数
7	θ=		从张拉端至计算截面曲线孔道部分切线的夹角之和(rad)
8	Ap=		预应力筋的截面面积(mm²)
9	Ep=		预应力筋的弹性模量(N/mm²)
10	计算结果		备注/说明
11	Pp=		预应力筋的平均张拉力(N)
12	△L=		预应力筋的理论伸长值(mm)
13			
14			

图 4-2-9 后张法伸长量的 Excel 计算表

(2)输入计算公式

B11 单元格输入"=P*(1-EXP(-(k*x+μ*θ)))/(k*x+μ*θ)",并把该格定义为"P_p"。

B12 单元格输入"=Pp*L/(Ap*Ep)",并把该格定义为"△L"。

(3)填写数据计算

在图 4-2-15 表格中,B2 单元格输入"=5.223+0.419+0.366",并把该格定义为"x"。

在 B3 单元格输入"=5.223+0.419+0.366",并把该格定义为"L"。

在 B4 单元格输入"570300",并把该格定义为"P"。

在 B5 元格输入"0.0015",并把该格定义为"k"。

在 B6 元格输入"0.25",并把该格定义为"μ"。

在 B7 元格输入"0.07",并把该格定义为"θ"。

在 B8 元格输入"420",并把该格定义为"Ap"。
在 B9 元格输入"195000",并把该格定义为"Ep"。
填写完上述数据后得到图 4-2-10 所示结果。

	A	B	C
1	已知条件	数值	备注/说明
2	x=	6.008	从张拉端至计算截面的孔道长度(m)
3	L=	6008	从张拉端至计算截面的孔道长度(mm)
4	P=	570300	预应力筋张拉端的张拉力(N)
5	k=	0.0015	孔道每米局部偏差对摩擦的影响系数
6	μ=	0.25	预应力筋与孔道壁的摩擦系数
7	θ=	0.07	从张拉端至计算截面曲线孔道部分切线的夹角之和(rad)
8	Ap=	420	预应力筋的截面面积(mm^2)
9	Ep=	195000	预应力筋的弹性模量(N/mm^2)
10	计算结果	数值	备注/说明
11	Pp=	562806.5	预应力筋的平均张拉力(N)
12	ΔL=	41.3	预应力筋的理论伸长值(mm)
13			

图 4-2-10 后张法伸长量的 Excel 计算结果

四、技能深化

1. 自定义名称技术

采用 Excel 自定义名称功能来定义函数方便阅读和修改,使用者易于理解和维护计算程序。

关键技术:

(1)自定义名称的可读性,可以利用符号定义各种常见数学符号

=P*(1-EXP(-(k*x+μ*θ)))/(k*x+μ*θ),对应式(4-2-5)。

=Pp*L/(Ap*Ep),对应式(4-2-4)。

(2)函数必须采用函数的名称,需要使用者习惯于用规定函数名称,如 $e^{-(k \cdot x + \mu \cdot \theta)}$,需要输入 Exp(-(k·x+μ·θ))而不能在未定义 e 的值前输入 e(-(k·x+μ·θ)),因为计算机不认识未定义的 e;如果事先定义 e 的值(2.71828182845904523536),可以输入 e(-(k·x+μ·θ))。

(3)自定义名称的有效范围:工作簿、表单。为了避免表单之间相互影响,建议自定义名称的有效范围设为表单,见图 4-2-11b)中各名称的范围为表单——sheet1;为了一个工作簿中多个表单引用同一名称,也可以把自定义名称的有效范围定义为工作簿,见图 4-2-11a)各名称的范围为工作簿。定义了范围就不能再编辑其有效范围(除非删除重新定义),但可以修改名称和引用数据位置,见图 4-2-7。建议初学者定义时筹划好,不要经常修改,以提高工作效率。

Excel 计算复杂公式编制采用对单元格定义名称的方法进行,先定义各已知数据名称为其指示名称,如"θ"等,然后再利用插入公式的方法把已定义名称的各变量和部分常数组合成计算公式。

(4)对单元格特殊符号输入定义名称的技术。

因为"θ"在键盘无法输入,所以用插入符号的方法预先在表格中适当位置插入符号"θ",然后把其复制在剪贴板上,粘贴到图 4-2-9 名称位置。

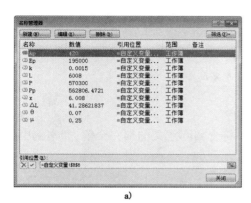 

图 4-2-11 名称管理器

（5）对单元格利用定义名称的变量编辑公式。

图 4-2-12 最上边提示行显示的是 P_p 的计算公式[式(4-2-5)]，点击图 4-2-12)的"B11"单元格，提示栏中显示了公式的组成，同样可以查看 ΔL 的计算公式。

图 4-2-12 利用"名称定义"定义函数的演示

2. 字符串运用技术

以图 4-2-5 中 C11 单元格输入"= IF(B3 = 1, ROUND(B5 + B6 * C6 + B7 * C7 + B8 * C8 + B9 * C9 + B10 * C10, 1), "不是一级钢筋")"为例，其中如果逻辑值为假输出"不是一级钢筋"的结果，注意字符串必须用英文状态双引号，用汉语状态的双引号会出错，没有双引号也会出错。

3. 一元二次方程求解的技术

$$x^2 \times \left(\frac{f_{cd} \times b}{2\gamma_0}\right) - x \times \left(\frac{f_{cd} \times b \times h_0}{\gamma_0}\right) + M_d = 0 \quad (4\text{-}2\text{-}6)$$

$$ax^2 + bx + c = 0 \quad (4\text{-}2\text{-}7)$$

$$x = \frac{-b \pm \sqrt{b^2 - 4ac}}{2a} \quad (4\text{-}2\text{-}8)$$

如果不是在 Excel 中求解一元二次方程的根，利用手写式子十分简单，见式(4-2-6)，采用 Excel 时，因为公式较长，输入时要注意系数对应关系，如式(4-2-7)、式(4-2-8)与式(4-2-6)的对应关系见式(4-2-9)、式(4-2-10)、式(4-2-11)：

$$a = \frac{f_{cd} \times b}{2\gamma_0} \quad (4\text{-}2\text{-}9)$$

$$b = -\left(\frac{f_{cd} \times b \times h_0}{\gamma_0}\right) \quad (4\text{-}2\text{-}10)$$

$$c = M_d \quad (4\text{-}2\text{-}11)$$

式(4-2-8)的求解为两个正数解时,要删除不符合实际意义的那一个解,如本例中,采用了较小的根。

4. 钢筋长度计算

可以把各直径钢筋的增长值、折减值建立对应的 Excel 表,利用 VLOOKUP 函数建立索引,这样一旦选定钢筋直径,其他的数据不用再查表就可以显示对应的值,提高程序使用的效率。

五、技能归纳

本任务中钢筋长度计算、单筋矩形截面板配筋计算、后张预应力钢筋伸长量计算,基本的步骤概括为:

步骤一: 表格形式定制。

步骤二: 输入计算公式。

步骤三: 填入原始数据。

实际使用时,要多积累各个格式的计算模板,搞清 Excel 计算内容的内在逻辑关系,从认识开始,不断使用和熟练,最终达到熟练运用。

六、考核评价

1. 学生自我评价

（1）此次操练是否顺利？

（2）若不顺利,请列出遇到的问题。

（3）分析出现问题的原因,并提出修正方案。

（4）您认为还需加强哪些方面的指导？

2. 学习任务评价表(表4-2-5)

学习任务评价表　　　　　　　表4-2-5

考核项目	分数			学生自评	小组互评	教师评价	小计
	差	中	好				
团队合作精神	6	13	20				
活动参与是否积极	6	13	20				
钢筋长度计算	6	13	20				
配筋计算	6	13	20				
后张法预应力伸长量计算	6	13	20				
总分		100					
教师签字:				年　月　日		得分	

七、作业

(1) 写出利用 Excel 计算后配筋伸长量的步骤。
(2) 写出利用 Excel 计算配筋设计的步骤。

任务三　水泥混凝土路面厚度计算

一、任务告知

1. 任务描述

水泥混凝土路面的计算,在现行规范中已经完全解析式化,但是由于温度应力计算的有关公式函数难度大、公式长,公式间变量交叉引用较多,给设计值带来较大的计算工作量。设计院一般通过 HPDS 路面专用设计软件计算完成,无法对计算过程进行干预,只能按原软件开发思路使用,遇到规范更新等问题只好购买新的软件。这样不利于专业积累而且维护和使用成本高。引入 Excel 来进行路面结构计算书的编写,既具有计算准确高效的特点,又能直观检查,是最为适宜的计算工具。

2. 教学目标

通过本学习任务的学习,应达到以下要求:
(1) 掌握 Excel 的水泥混凝土路面设计计算步骤;
(2) 掌握 Excel 复杂函数的录入技术。

3. 内容结构

本任务的内容结构,如图 4-3-1 所示。

图 4-3-1　内容结构

二、任务导入

本任务来源于《公路水泥混凝土路面设计规范》(JTG D40—2011)(以下简称设计规范)条文说明附录 B 的 94～96 页计算算例——示例 2 水泥稳定粒料基层上混凝土面板厚度计算,受篇幅所限,此处不对使用中的变量名进行解释,如有疑问可以查找前述设计规范对应说明。

1. 基本设计资料

公路自然区划Ⅳ区新建一条一级公路,路基土为低液限粉土,路床顶距地下水位 1.0m,当地粗集料以砾石为主。拟采用普通混凝土面层,基层采用水泥稳定砂砾。经交通调查分析得知,设计轴载为 $P_s = 100kN$,最大轴载 $P_m = 180kN$,设计车道使用初期标准轴载日作用次数为 3200,交通量年平均增长率为 5%。

2. 计算过程简介

(1) 交通分析

由设计规范,一级公路的设计基准期为 30 年,安全等级为一级;临界荷位处的车辆轮迹横向分布系数取 0.22。式(4-3-1)计算得到设计基准期内设计车道标准荷载累计作用次数:

$$N_e = \frac{N_s \times [(1+g_r)^t - 1] \times 365}{g_r} \times \eta$$
$$= \frac{3200 \times [(1+0.05)^{30} - 1] \times 365}{0.05} \times 0.22$$
$$= 1707 \times 10^4 \qquad (4\text{-}3\text{-}1)$$

由设计规范可知,属重交通荷载等级。

(2) 初拟路面结构

施工变异水平取低等级。根据一级公路重交通荷载等级和低变异水平等级,由设计规范,初拟普通混凝土面层厚度为 0.26m,水泥稳定砂砾基层 0.20m,底基层选用级配砾石,厚 0.18m。单向路幅宽度为 2×3.75m(行车道)+2.75m(硬路肩),行车道水泥混凝土面层板平面尺寸取 5.0m×3.75m,纵缝为设拉杆平缝,横缝为设传力杆的假缝。硬路肩面层采用与行车道面层等厚的混凝土,并设拉杆与行车道板相连。

(3) 路面材料参数确定

由设计规范,取普通混凝土面层的弯拉强度标准值为 5.0MPa,相应的弯拉弹性模量与泊松比为 31GPa、0.15。砾石粗集料混凝土的线膨胀系数 $\alpha_c = 11 \times 10^{-6}/℃$。

由设计规范,取低液限粉土的回弹模量为 100MPa。由设计规范,取距地下水位 1.0m 时的湿度调整系数为 0.80。由此,路床顶综合回弹模量取为 100×0.80 = 80MPa。由设计规范,水泥稳定砂砾基层的弹性模量取 2000MPa,泊松比取 0.20,级配砾石底基层回弹模量取 250MPa,泊松比取 0.35。

按式(4-3-2)~式(4-3-5)计算板底地基综合回弹模量:

$$E_x = \sum_{i=1}^{n}(h_i^2 \times E_i) / \sum_{i=1}^{n} h_i^2 = \frac{h_1^2 \times E_1}{h_1^2} = 250(MPa) \qquad (4\text{-}3\text{-}2)$$

$$h_x = \sum_{i=1}^{n} h_i = h_1 = 0.18(m) \qquad (4\text{-}3\text{-}3)$$

$$\alpha = 0.26\ln(h_x) + 0.86 = 0.26 \times \ln 0.18 + 0.86 = 0.414 \qquad (4\text{-}3\text{-}4)$$

$$E_t = \left(\frac{E_x}{E_0}\right)^\alpha E_0 = \left(\frac{250}{80}\right)^{0.414} \times 80 = 128.2(MPa) \qquad (4\text{-}3\text{-}5)$$

板底地基综合回弹模量 E_t 取为 125MPa。

混凝土面层板的弯曲刚度 D_c[式(4-3-6)]、半刚性基层板的弯曲刚度 D_b[式(4-3-7)]、路面结构总相对刚度半径 r_g[式(4-3-8)]为:

$$D_c = \frac{E_c h_c^3}{12(1-v_c^2)} = \frac{31000 \times 0.26^3}{12 \times (1-0.15^2)} = 46.4(MN \cdot m) \qquad (4\text{-}3\text{-}6)$$

$$D_b = \frac{E_b h_b^3}{12(1-v_b^2)} = \frac{2000 \times 0.20^3}{12 \times (1-0.20^2)} = 1.39(\text{MN} \cdot \text{m}) \tag{4-3-7}$$

$$r_g = 1.21[(D_c + D_b)/E_t]^{1/3} = 1.21 \times \left(\frac{46.4 + 1.39}{125}\right)^{1/3} = 0.878 \tag{4-3-8}$$

(4)荷载应力

由设计规范,标准轴载[式(4-3-9)]和极限荷载[式(4-3-10)]在临界荷位处产生的荷载应力为:

$$\sigma_{ps} = \frac{1.45 \times 10^{-3}}{1 + D_b/D_c} r_g^{0.65} h_c^{-2} P_s^{0.94} = \frac{1.45 \times 10^{-3}}{1 + \frac{1.39}{46.4}} \times 0.878^{0.65} \times 0.26^{-2} \times 100^{0.94} = 1.452(\text{MPa})$$

$$\tag{4-3-9}$$

$$\sigma_{pm} = \frac{1.45 \times 10^{-3}}{1 + D_b/D_c} r_g^{0.65} h_c^{-2} P_m^{0.94} = \frac{1.45 \times 10^{-3}}{1 + \frac{1.39}{46.4}} \times 0.878^{0.65} \times 0.26^{-2} \times 180^{0.94} = 2.522(\text{MPa})$$

$$\tag{4-3-10}$$

按式(4-3-11)计算面层荷载疲劳应力,按式(4-3-12)计算面层最大荷载应力。

$$\sigma_{pr} = k_r k_f k_c \sigma_{ps} = 0.87 \times 2.584 \times 1.10 \times 1.452 = 3.59(\text{MPa}) \tag{4-3-11}$$

$$\sigma_{p,\max} = k_r k_c \sigma_{pm} = 0.87 \times 1.10 \times 2.522 = 2.41(\text{MPa}) \tag{4-3-12}$$

由设计规范,应力折减系数 $k_r = 0.87$;综合系数 $k_c = 1.10$;疲劳应力系数

$$k_f = N_e^\lambda = (1707 \times 10^4)^{0.057} = 2.584$$

$$\lambda = 0.057 \tag{4-3-13}$$

(5)温度应力

由设计规范,最大温度梯度取 $T_g = 92℃/\text{m}$。按规范规定计算综合温度翘曲应力和内应力的温度应力系数 B_L。

$$k_n = \frac{1}{2}\left(\frac{h_c}{E_c} + \frac{h_b}{E_b}\right)^{-1} = \frac{1}{2}\left(\frac{0.26}{31000} + \frac{0.20}{2000}\right)^{-1} = 4613(\text{MPa/m}) \tag{4-3-14}$$

$$\gamma_\beta = \left[\frac{D_c D_b}{(D_c + D_b)k_n}\right]^{1/4} = \left[\frac{46.4 \times 1.39}{(46.4 + 1.39) \times 4613}\right]^{1/4} = 0.131 \tag{4-3-15}$$

$$\xi = -\frac{(k_n r_g^4 - D_c)\gamma_\beta^3}{(k_n \gamma_\beta^4 - D_c)r_g^3} = -\frac{(4613 \times 0.878^4 - 46.4) \div 0.131^3}{(4613 \times 0.131^4 - 46.4) \times 0.878^3} = 0.199 \tag{4-3-16}$$

$$t = \frac{L}{3r_g} = \frac{5.0}{3 \times 0.878} = 1.90 \tag{4-3-17}$$

$$C_L = 1 - \left(\frac{1}{1+\xi}\right)\frac{\sinh t \cos t + \cosh t \sin t}{\cos t \sin t + \sinh t \cosh t} = 1 - \frac{0.200}{1 + 0.199} = 0.833 \tag{4-3-18}$$

$$B_L = 1.77 e^{-4.48 h_c} C_L - 0.131(1 - C_L)$$
$$= 1.77 e^{-4.48 \times 0.26} \times 0.833 - 0.131(1 - 0.833) = 0.438 \tag{4-3-19}$$

按式(4-3-20)计算面层最大温度应力:

$$\sigma_{t,\max} = \frac{a_c E_c h_c T_g}{2} B_L = \frac{11 \times 10^{-6} \times 31000 \times 0.26 \times 92}{2} \times 0.438 = 1.79(\text{MPa}) \tag{4-3-20}$$

温度疲劳应力系数 k_t，规范规定Ⅳ区 $a_t=0.841$、$b_t=1.323$、$c_t=0.058$，按式(4-3-21)计算：

$$k_t = \frac{f_r}{\sigma_{t,\max}}\left[a_t\left(\frac{\sigma_{t,\max}}{f_r}\right)^{b_t} - c_t\right] = \frac{5.0}{1.79}\left[0.841 \times \left(\frac{1.79}{5.0}\right)^{1.323} - 0.058\right] = 0.442 \quad (4\text{-}3\text{-}21)$$

按式(4-3-22)计算温度疲劳应力：

$$\sigma_{tr} = k_t \sigma_{t,\max} = 0.442 \times 1.79 = 0.79(\text{MPa}) \quad (4\text{-}3\text{-}22)$$

(6)结构极限状态校核

由设计规范，一级安全等级，低变异水平条件下，可靠度系数 γ_r 取 1.14。按式(4-3-23)和式(4-3-24)校核路面结构极限状态是否满足要求：

$$\gamma_r(\sigma_{pr} + \sigma_{tr}) = 1.14 \times (3.59 + 0.79) = 4.99 \leqslant f_r = 5.0(\text{MPa}) \quad (4\text{-}3\text{-}23)$$

$$\gamma_r(\sigma_{p,\max} + \sigma_{t,\max}) = 1.14 \times (2.41 + 1.79) = 4.79 \leqslant f_r = 5.0(\text{MPa}) \quad (4\text{-}3\text{-}24)$$

拟定的由计算厚度 0.26m 的普通混凝土面层和厚度 0.18m 的水泥稳定粒料基层组成的路面结构满足要求，可以承受设计基准期内荷载应力和温度应力的综合疲劳作用，以及最重轴载在最大温度梯度时的一次作用。取混凝土面层设计厚度为 0.27m。

3. 用 Excel 计算

用 Excel 计算遇到的最大问题是公式多，而且十分复杂，考虑分步计算可以简化计算，所以，Excel 程序针对计算的 6 步设计了 6 个表单。

三、技能操练

1. 交通分析表格

图 4-3-2 中只有 N_e 是求解变量，N_s、t、g_r、η 均为原始数据，所以在单元格 B2～B5 中依次输入对应数值，并把 B2～B6 分别定义名称为 N_s、t、g_r、η、N_e。

在单元格 B6 中输入公式"=(Ns*((1+gr)^t-1)*365)*0.22/gr"，则显示图 4-3-2 对应的计算结果。

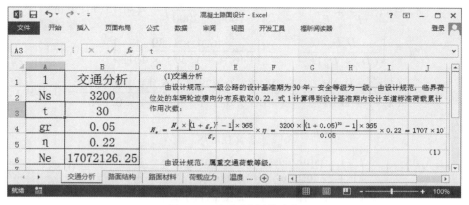

图 4-3-2 交通分析计算表格

2. 初拟路面结构表格

图 4-3-3 中所有数据均为原始数据，所以在单元格 B2～B6 中依次输入对应数值，并把 B2～B6 分别定义名称为 h_c、h_b、h_1、L、B，数据见图 4-3-3。

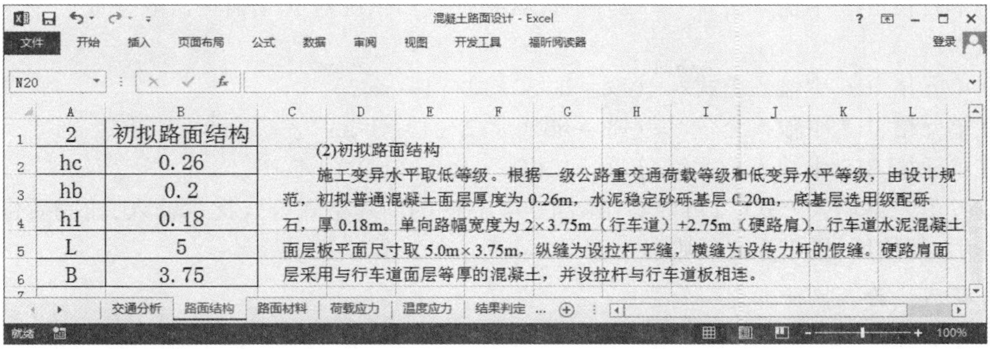

	A	B
1	2	初拟路面结构
2	hc	0.26
3	hb	0.2
4	h1	0.18
5	L	5
6	B	3.75

(2)初拟路面结构

施工变异水平取低等级。根据一级公路重交通荷载等级和低变异水平等级，由设计规范，初拟普通混凝土面层厚度为0.26m，水泥稳定砂砾基层0.20m，底基层选用级配砾石，厚0.18m。单向路幅宽度为2×3.75m（行车道）+2.75m（硬路肩），行车道水泥混凝土面层板平面尺寸取5.0m×3.75m，纵缝为设拉杆平缝，横缝为设传力杆的假缝。硬路肩面层采用与行车道面层等厚的混凝土，并设拉杆与行车道板相连。

图 4-3-3　路面结构参数表格

3. 路面材料参数计算表格

图4-3-4中只有E_x、α、E_t、E_{tp}、D_c、D_b、γ_g是求解变量，f_r、E_c、v_c、α_c、E_0、E_b、v_b、E_1、v_1、h_x均为原始数据，所以在单元格B2～B11中依次输入对应数值，并把B2～B18分别定义名称为f_r、E_c、v_c、α_c、E_0、E_b、v_b、E_1、v_1、h_x、E_x、α、E_t、E_{tp}、D_c、D_b、γ_g。

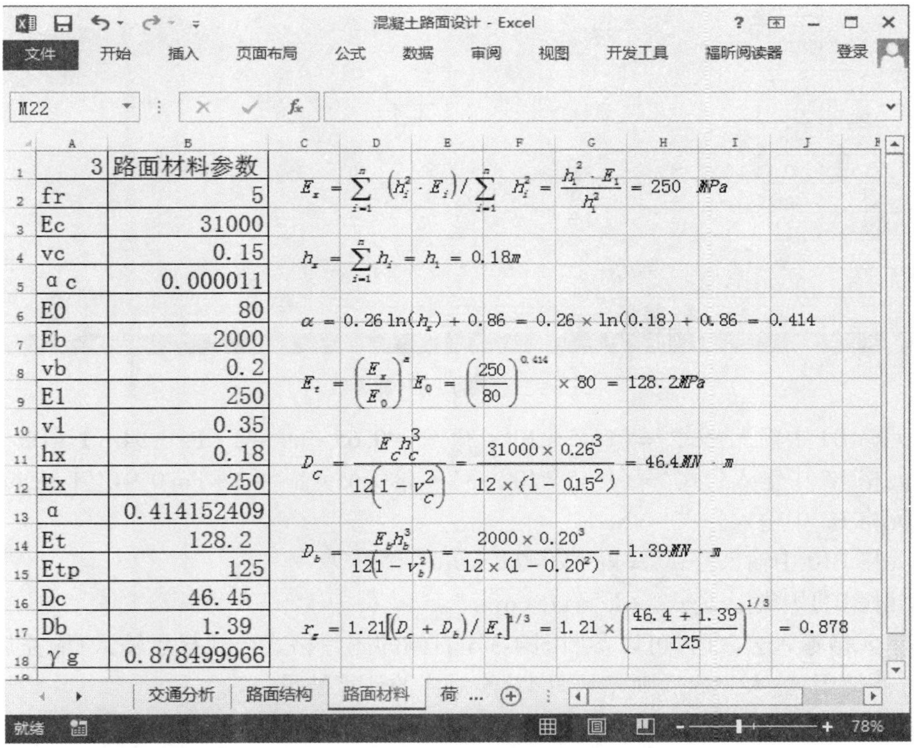

	A	B
1	3	路面材料参数
2	fr	5
3	Ec	31000
4	vc	0.15
5	αc	0.000011
6	E0	80
7	Eb	2000
8	vb	0.2
9	E1	250
10	v1	0.35
11	hx	0.18
12	Ex	250
13	α	0.414152409
14	Et	128.2
15	Etp	125
16	Dc	46.45
17	Db	1.39
18	γg	0.878499966

$$E_x=\sum_{i=1}^{n}(h_i^2\cdot E_i)/\sum_{i=1}^{n}h_i^2=\frac{h_1^2\cdot E_1}{h_1^2}=250\ MPa$$

$$h_x=\sum_{i=1}^{n}h_i=h_1=0.18m$$

$$\alpha=0.26\ln(h_x)+0.86=0.26\times\ln(0.18)+0.86=0.414$$

$$E_t=\left(\frac{E_x}{E_0}\right)^{\alpha}E_0=\left(\frac{250}{80}\right)^{0.414}\times80=128.2MPa$$

$$D_c=\frac{E_ch_c^3}{12(1-v_c^2)}=\frac{31000\times0.26^3}{12\times(1-0.15^2)}=46.4MN\cdot m$$

$$D_b=\frac{E_bh_b^3}{12(1-v_b^2)}=\frac{2000\times0.20^3}{12\times(1-0.20^2)}=1.39MN\cdot m$$

$$r_g=1.21[(D_c+D_b)/E_t]^{1/3}=1.21\times\left(\frac{46.4+1.39}{125}\right)^{1/3}=0.878$$

图 4-3-4　路面材料参数计算表格

在单元格B12中输入公式“=(h1_^2 * E1_)/h1_^2”。

在单元格B13中输入公式“=0.26 * LN(hx) +0.86”。

在单元格B14中输入公式“=(Ex/E0)^α * E0”。

在单元格 B15 中输入公式“ =125”。此处根据具体情况对 B14 值一次取整或偏于保守地再取值。

在单元格 B16 中输入公式“ =(Ec * hc^3)/12/(1 - vc^2)”。

在单元格 B17 中输入公式“ =(Eb * hb^3)/12/(1 - vb^2)”。

在单元格 B18 中输入公式“ =1.21 * ((Dc + Db)/Etp)^(1/3)”。

在各单元格输入公式时,可以参照图 4-3-4 右侧的图片格式公式提示输入,输完后也可以保留,以方便使用,输入完成后则显示图 4-3-4 对应的计算结果。

4. 荷载应力表格计算

图 4-3-5 中只有 σ_{ps}、σ_{pm}、k_f、σ_{pr}、σ_{pmax} 是求解变量,P_s、P_m、k_r、λ、k_c 均为原始数据,所以在单元格 B2、B3、B6、B7、B9 中依次输入对应数值,并把 B2 ~ B11 分别定义名称为 P_s、P_m、σ_{ps}、σ_{pm}、k_r、λ、k_f、k_c、σ_{pr}、σ_{pmax}。

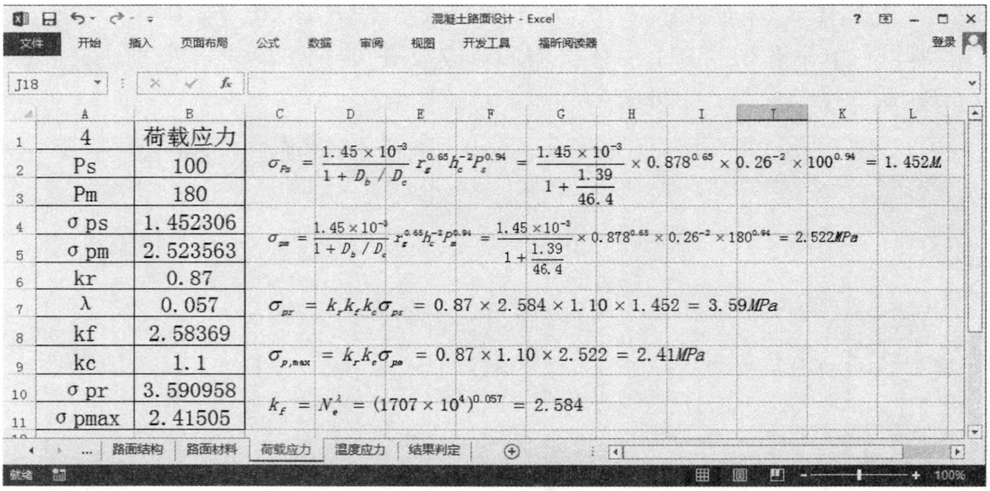

	A	B
1	4	荷载应力
2	Ps	100
3	Pm	180
4	σ ps	1.452306
5	σ pm	2.523563
6	kr	0.87
7	λ	0.057
8	kf	2.58369
9	kc	1.1
10	σ pr	3.590958
11	σ pmax	2.41505

图 4-3-5 荷载应力计算表格

在单元格 B4 中输入公式“ =(1.45 * 10^ -3) * γg^0.65 * hc^ -2 * Ps^0.94/(1 + Db/Dc)”。

在单元格 B5 中输入公式“ =(1.45 * 10^ -3) * γg^0.65 * hc^ -2 * Pm^0.94/(1 + Db/Dc)”。

在单元格 B8 中输入公式“ =Ne^λ”。

在单元格 B10 中输入公式“ =kr * kf * kc * σps”。

在单元格 B11 中输入公式“ =kr * kc * σpm”。

在各单元格输入公式时,可以参照图 4-3-5 右侧的图片格式公式提示输入,输完后也可以保留,以方便使用,输入完成后则显示图 4-3-5 对应的计算结果。

5. 温度应力表格计算

图 4-3-6 中 k_n、γ_β、ζ、t_t、C_L、B_L、σ_{tmax}、k_t、σ_{tr} 是求解变量,T_g、a_t、b_t、c_t 为原始数据,所以在单元格 B8、B10、B11、B12 中依次输入对应数值,并把 B2 ~ B14 分别定义名称为 k_n、γ_β、ζ、t_t、C_L、B_L、T_g、σ_{tmax}、a_t、b_t、c_t、k_t、σ_{tr}。

在单元格 B2 中输入公式“ =0.5 * (hc/Ec + hb/Eb)^ -1”。

在单元格 B3 中输入公式"=(Dc*Db/(Dc+Db)/kn)^0.25"。

在单元格 B4 中输入公式"=-(kn*γg^4-Dc)*γβ^3/((kn*γβ^4-Dc)*γg^3)"。

在单元格 B5 中输入公式"=L/3/γg"。

在单元格 B6 中输入公式"=1-1/(1+ζ)*((SINH(tt)*COS(tt)+COSH(tt)*SIN(tt))/(COS(tt)*SIN(tt)+SINH(tt)*COSH(tt)))"。

在单元格 B7 中输入公式"=1.77*EXP(-4.48*hc)*CL-0.131*(1-CL)"。

在单元格 B9 中输入公式"=αc*Ec*hc*Tg*BL/2"。

在单元格 B13 中输入公式"=fr*(at*(σtmax/fr)^bt-ct)/σtmax"。

在单元格 B14 中输入公式"=kt*σtmax"。

在各单元格输入公式时,可以参照图 4-3-6 右侧的图片格式公式提示输入,输完后也可以保留,以方便使用,输入完成后则显示图 4-3-6 对应的计算结果。

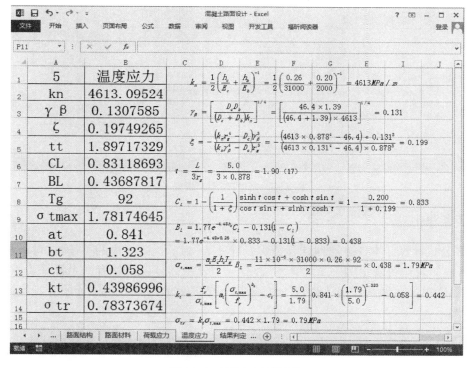

图 4-3-6 温度应力计算表格

6. 结果判定计算表格

图 4-3-7 中 γr(σpr+σtr)、γr(σpmax+σtmax)、方案合格否、板厚结果是求解变量,γr 为原始数据,所以在单元格 B2 中输入对应数值,并把 B2~B6 分别定义名称为 γr、γr_σpr_σtr、γr_σpmax_σtmax、方案合格否、板厚结果。

在单元格 B3 中输入公式"=γr*(σpr+σtr)"。

在单元格 B4 中输入公式"=γr*(σpmax+σtmax)"。

在单元格 B5 中输入公式"=IF(AND(γr_σpr_σtr<=fr,γr_σpmax_σtmax<=fr),"合

格!","不合格!")"。

在单元格 B6 中输入公式"= hc"。

在各单元格的输入公式时,可以参照图 4-3-7 右侧的图片格式公式提示输入,输完后也可以保留以方便使用,输入完成后则显示图 4-3-7 对应的计算结果。

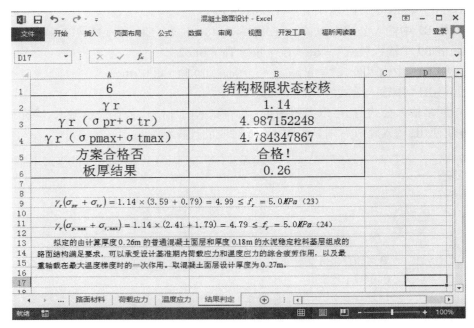

图 4-3-7　结果判定计算表格

四、技能深化

(1)多公式计算。本任务遇到计算公式多且复杂,为了提高程序的可读性、可维护性和运用的方便性,结合规范规定的手工计算方法,有一个分项计算项目就有一个计算步骤,也就是有一个计算表单。在编制这个计算软件时,采用 6 个表单的实践效果也证明分步编制的重要性和方便性。

(2)复杂公式技术。

①公式输入提示。为了防止长大公式输入错误,在图 4-3-6 单元格 B6 中输入公式"= 1 − 1/(1 + ζ) * ((SINH(tt) * COS(tt) + COSH(tt) * SIN(tt))/(COS(tt) * SIN(tt) + SINH(tt) * COSH(tt)))"(式 4-3-18)时,图 4-3-6 右侧图片形式的对应公式(见式 4-3-18 和图 4-3-6 的对应)提示对公式的输入起到了很好的提示作用,同时对软件的使用也有很好的帮助。

②采用定义名称的方法组织所有公式编写,增强公式的可读性。

尽管这样给初期公式录入增加了一些工作量,但是从图 4-3-6 单元格 B6 中输入的关于"C_L"的公式没有多次引用单元格产生的眼花缭乱,而是与实际公式十分接近的变量名与各种运算符、变量名的组合应用,这样可读性好,公式维护起来也很方便。

(3)高级三角函数的运用。作为 Excel 内置的三角函数,双曲余弦函数 $COSH(x)$、双曲正弦函数 $SINH(x)$ 是平时很少遇到的函数,而且在 Excel VBA 中也不支持该函数,所以这也是本文采用公式方法计算而不是 VBA 的主要原因。

（4）从目前 Excel 的运用情况来看，Excel 处理公式简单的批量数据最为简单，不需要定义名称(定义名称可能还会使计算十分繁琐)；对单一数据的系列计算(如本任务)的情况，采用定义名称的方法最为适宜。

五、技能归纳

本任务中水泥混凝土路面的力学计算，基本的步骤概括为：
步骤一：交通分析。
步骤二：路面结构拟定。
步骤三：路面材料参数确定与计算。
步骤四：温度应力计算。
步骤五：荷载应力计算。
步骤六：结果判定。

实际使用时，要固化计算模板，搞清 Excel 计算内容的内在逻辑关系，不断使用和熟练，最终达到熟练运用。

六、考核评价

1. 学生自我评价

（1）此次操练是否顺利？
（2）若不顺利，请列出遇到的问题。
（3）分析出现问题的原因，并提出修正方案。
（4）您认为还需加强哪些方面的指导？

2. 学习任务评价表(表 4-3-1)

学习任务评价表　　　　　　　　　　　　　　　　　　　表 4-3-1

考核项目	分数			学生自评	小组互评	教师评价	小计
	差	中	好				
团队合作精神	6	13	20				
活动参与是否积极	6	13	20				
交通参数、路面结构参数、路面材料参数分析	6	13	20				
温度应力计算计算	6	13	20				
荷载应力计算	6	13	20				
总分	100						
教师签字：				年　月　日		得分	

七、作业

写出利用 Excel 进行水泥混凝土路面计算的步骤。

模块五 Excel 在公路工程管理中的应用

【学习引导】

1. 技能目标

(1)掌握公路技术状况评定数据统计计算方法;

(2)掌握 Excel 统计特征值求解方法;

(3)掌握 Excel 直方图绘制方法;

(4)掌握普通控制图绘制方法。

2. 主要内容

模块五的主要内容结构,如图 5-0-1 所示。

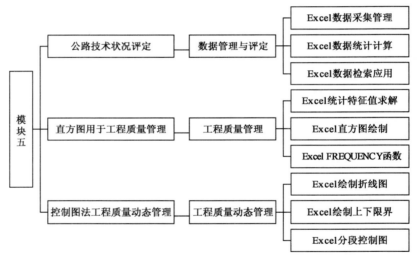

图 5-0-1 模块五的主要内容结构图

任务一 公路技术状况评定

一、任务告知

1. 任务描述

在我国高速公路快速发展的十几年间,公路系统管理及公路路况维护不仅依靠基层工作人员来执行,而且还需要大量的数据和技术来为其做支撑。在进行路况评定过程中需要调查和实测大量的数据用来反映路段的状况,数据的后期处理和分析工作量相当大。在引入综合性的大型路况综合管理计算机系统过程中,往往对局部路段的数据反映的不是很具体,需要单独地对局部路段进行再分析,这样就需要人工进行数据的统计和分析,评定局部路段的路况标准。这对养护管理技术人员提出了更高的要求,需要在日常工作中能熟练应用常规的办公软件进行再分析和检索。

Excel 作为一种常见的办公软件,使用起来十分方便。在实际应用过程中,充分利用 Excel 办公软件中的文本和数据的统计技术以及制作表格和图像的功能,对高速公路路况数据进行再分析、评定和检索,可提高工作效率、及时了解和掌握高速公路的相关信息,为预防性养护和维修提供科学依据、提高养护经费的使用效率。

2. 教学目标

通过本任务的学习,应达到以下要求:
(1)了解公路技术状况评定数据采集管理的架构;
(2)掌握公路技术状况评定数据统计计算方法;
(3)了解公路技术状况评定数据检索应用方法。

3. 内容结构

本任务的内容结构,如图 5-1-1 所示。

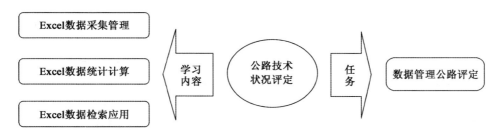

图 5-1-1　内容结构

二、任务导入

公路技术状况评定包括路面、路基、桥隧构造物和沿线设施四部分内容。路面部分包括路面损坏、平整度、车辙、抗滑性能和结构强度五项指标。其中,路面结构强度为抽样检测指标。桥隧构造物部分包括桥梁、隧道和涵洞三类构造物。

(1)评定要求

公路技术状况评定以 1000m 路段长度为基本评定单元。

(2)MQI 确定

公路技术状况指数 MQI 按式(5-1-1)计算。

$$MQI = \omega_{PQI}PQI + \omega_{SCI}SCI + \omega_{BCI}BCI + \omega_{TCI}TCI \qquad (5-1-1)$$

式中,ω_{PQI} 表示在 MQI 中的权重,取值为 0.70;ω_{SCI} 表示在 MQI 中的权重,取值为 0.08;

ω_{BCI} 表示在 MQI 中的权重,取值为 0.12;ω_{TCI} 表示在 MQI 中的权重,取值为 0.10。

①路面使用性能(PQI)

路面使用性能评价包括路面损坏、平整度、车辙、抗滑性能和结构强度五项技术内容。其中,路面结构强度为抽样评定指标,单独计算与评定,评定范围根据路面大中修养护需求、路基的地质条件等自行确定。

水泥混凝土路面使用性能评价包含路面损坏、平整度和抗滑性能三项技术内容;砂石路面使用性能评价只包含路面损坏一项技术内容。

路面使用性能指数 PQI 按式(5-1-2)计算。

$$\text{PQI} = \omega_{\text{PCI}}\text{PCI} + \omega_{\text{PQI}}\text{PQI} + \omega_{\text{RDI}}\text{RDI} + \omega_{\text{SRI}}\text{SRI} \tag{5-1-2}$$

式中,ω_{PCI} 表示在 PQI 中的权重,按表 5-1-1 取值;ω_{PQI} 表示在 PQI 中的权重,按表 5-1-1 取值;ω_{RDI} 表示在 PQI 中的权重,按表 5-1-1 取值;ω_{SRI} 表示在 PQI 中的权重,按表 5-1-1 取值。

PQI 分项指标权重表 表 5-1-1

路面类型	权重	高速公路、一级公路	二、三、四级公路
沥青路面	ω_{PCI}	0.35	0.6
	ω_{PQI}	0.40	0.40
	ω_{RDI}	0.15	—
	ω_{SRI}	0.10	—
水泥混凝土路面	ω_{PCI}	0.50	0.60
	ω_{PQI}	0.40	0.40
	ω_{SRI}	0.10	—

A. 路面损坏(PCI)

路面损坏用路面损坏状况指数(PCI)评价,PCI 按式(5-1-3)、式(5-1-4)计算。

$$\text{PCI} = 100 - a_0 \text{DR}^{a_1} \tag{5-1-3}$$

$$\text{DR} = 100 \times \frac{\sum_{i=1}^{i_0} \omega_i \times A_i}{A} \tag{5-1-4}$$

式中:DR——路面破损率(Pavement Distress Ratio),为各种损坏的折合损坏面积之和与路面调查面积之百分比(%);

A_i——第 i 类路面损坏的面积(m^2);

A——调查的路面面积(调查长度与有效路面宽度之积,m^2);

ω_i——第 i 类路面损坏的权重,沥青路面按表 5-1-2 取值,水泥混凝土路面按表 5-1-3 取值,砂石路面按表 5-1-4 取值;

i——考虑损坏程度(轻、中、重)的第 i 项路面损坏类型;

i_0——包含损坏程度(轻、中、重)的损坏类型总数,沥青路面取 21,水泥混凝土路面取 20,砂石路面取 6。

沥青路面损坏类型和权重   表 5-1-2

类型 i	损坏名称	损坏程度	权重 ω_i	计量单位
1	龟裂	轻	0.6	面积 m^2
2		中	0.8	
3		重	1	
4	块状裂纹	轻	0.6	面积 m^2
5		重	0.8	
6	纵向裂纹	轻	0.6	长度 m（影响宽度:0.2m）
7		重	1	
8	横向裂纹	轻	0.6	长度 m（影响宽度:0.2m）
9		重	1	
10	坑槽	轻	0.8	面积 m^2
11		重	1	
12	松散	轻	0.6	面积 m^2
13		重	1	
14	沉陷	轻	0.6	面积 m^2
15		重	1	
16	车辙	轻	0.6	长度 m（影响宽度:0.4m）
17		重	1	
18	波浪拥包	轻	0.6	面积 m^2
19		重	1	
20	泛油		0.2	面积 m^2
21	修补		0.1	面积 m^2

水泥混凝土路面损坏类型和权重   表 5-1-3

类型 i	损坏名称	损坏程度	权重 ω_i	计量单位
1	破碎板	轻	0.8	面积 m^2
2		重	1	
3	裂纹	轻	0.6	长度 m（影响宽度:0.1m）
4		中	0.8	
5		重	1	

续上表

类型 i	损坏名称	损坏程度	权重 ω_i	计量单位
6	板角断裂	轻	0.6	面积 m²
7		中	0.8	
8		重	1	
9	错台	轻	0.6	长度 m（影响宽度:1m）
10		重	1	
11	唧泥	轻	1.0	长度 m（影响宽度:1m）
12	边角剥落	轻	0.6	长度 m（影响宽度:1m）
13		中	0.8	
14		重	1	
15	接缝料损坏	轻	0.4	长度 m（影响宽度:1m）
16		重	0.6	
17	坑洞		1.0	面积 m²
18	拱起		1.0	面积 m²
19	露骨		0.3	面积 m²
20	修骨		0.1	面积 m²

砂石路面损坏类型和权重　　　　　　表 5-1-4

类型 i	损坏名称	权重 ω_i	计量单位
1	路拱不适	0.1	长度 m（影响长度:3m）
2	沉陷	0.8	面积 m²
3	波浪搓板	1.0	面积 m²
4	车辙	1.0	长度 m（影响长度:4m）
5	坑槽	1.0	面积 m²
6	露骨	0.8	面积 m²

B. 路面行使质量（RQI）

路面平整度用路面行使质量指数（RQI）评价，按式（5-1-5）计算。

$$RQI = 100/(1 + a_0 e^{a_1 \text{IRI}}) \qquad (5-1-5)$$

式中：IRI——国际平整度指数（International Roughness Index, m/km）；

a_0——高速公路和一级公路采用 0.026，其他等级公路采用 0.0185；

a_1——高速公路和一级公路采用 0.65,其他等级公路采用 0.58。

C. 路面车辙(RDI)

路面车辙用路面车辙深度指数(RDI)评价,按式(5-1-6)计算。

$$\mathrm{RDI} = \begin{cases} 100 - a_0 \mathrm{RD} & (\mathrm{RD} \leqslant \mathrm{RD}_a) \\ 60 - a_1 (\mathrm{RD} - \mathrm{RD}_a) & (\mathrm{RD}_a < \mathrm{RD} \leqslant \mathrm{RD}_b) \\ 0 & (\mathrm{RD} > \mathrm{RD}_b) \end{cases} \quad (5\text{-}1\text{-}6)$$

式中:RD——车辙深度(Rutting Depth, mm);

RD_a——车辙深度参数,采用 20mm;

a_0——模型参数,采用 2.0;

a_1——模型参数,采用 4.0。

D. 路面抗滑性能(SRI)

路面抗滑性能用抗滑性能指数(SRI)评价,按式(5-1-7)计算。

$$\mathrm{SRI} = (100 - \mathrm{SRI}_{\min})/(1 + a_0 \mathrm{e}^{a_1 \mathrm{SFC}}) + \mathrm{SRI}_{\min} \quad (5\text{-}1\text{-}7)$$

式中:SFC——横向力系数(Side-way Force Coefficient);

$\mathrm{SRI}_{\min}$——标定参数,采用 35.0;

a_0——模型参数,采用 28.6;

a_1——模型参数,采用 -0.105。

E. 路面结构强度(PSSI)

路面结构强度用路面结构强度指数(PSSI)评价,按式(5-1-8)、式(5-1-9)计算。

$$\mathrm{PSSI} = 100/(1 + a_0 \mathrm{e}^{a_1 \mathrm{SSI}}) \quad (5\text{-}1\text{-}8)$$

$$\mathrm{SSI} = l_d/l_0 \quad (5\text{-}1\text{-}9)$$

式中:SSI——路面结构强度系数(Structure Strength Coefficient),为路面设计弯沉与实测代表弯沉比;

l_d——路面设计弯沉(mm);

l_0——实测代表弯沉(mm);

a_0——模型参数,采用 15.71;

a_1——模型参数,采用 -5.19。

②路基技术状况(SCI)

路面技术状况用路面技术状况指数(SCI)评价,按式(5-1-10)计算。

$$\mathrm{SCI} = \sum \omega_i (100 - \mathrm{GD}_{i\mathrm{SCI}}) \quad (i = 1 \sim 8) \quad (5\text{-}1\text{-}10)$$

式中:$\mathrm{GD}_{i\mathrm{SCI}}$——第 i 类路基损坏的总扣分(Global Deduction),最高分值为 100,按表 5-1-5 的规定计算;

ω_i——第 i 类路基损坏的权重,按表 5-1-5 取值;

i——路基损坏类型。

路基损坏扣分标准　　　　　　　　　　　　　　　　　　　　　　　表5-1-5

类型 i	损坏名称	损坏程度	计量单位	单位扣分	权重 ω_i
1	路肩边沟不洁		m	0.5	0.05
2	路肩损坏	轻	m²	1	0.1
		重		2	
3	边坡坍塌	轻	处	20	0.25
		中		30	
		重		50	
4	水沟冲毁	轻	处	20	0.25
		中		30	
		重		50	
5	路基构造物损坏	轻	处	20	0.1
		中		30	
		重		50	
6	路缘石缺损		m	4	0.05
7	路基沉降	轻	处	20	0.1
		中		30	
		重		50	
8	排水系统	轻	m	1	0.01
		重	处	20	

③桥隧构造物技术状况(BCI)

桥梁、隧道和涵洞技术状况用桥隧构造物技术状况指数(BCI)评价,按式(5-1-11)计算。

$$BCI = \min(100 - GD_{iBCI}) \qquad (5-1-11)$$

式中:GD_{iBCI}——第 i 类构造物损坏的总扣分,最高分值为100,按表5-1-6的规定计算;

i——构造物类型(桥梁、隧道或涵洞)。

桥隧构造物扣分标准　　　　　　　　　　　　　　　　　　　　　　　表5-1-6

类型 i	项目	技术评定状况等级	计量单位	单位扣分	备注
1	桥梁	一、二	座	0	采用《公路桥涵养护规范》(JTG H11—2004)的评定方法,五类桥梁所属路段的MQI=0
		三		40	
		四		70	
		五		100	
2	隧道	无异常	座	0	采用《公路隧道养护规范》(JTG H12—2004)的评定方法,危险隧道所属路段的MQI=0
		有异常		50	
		有危险		100	

续上表

类型 i	项目	技术评定状况等级	计量单位	单位扣分	备注
3	涵洞	好、较好	道	0	采用《公路桥涵养护规范》(JTG H11—2004)的评定方法,危险涵洞所属路段的 MQI = 0
		较差		40	
		差		70	
		危险		100	

④沿线设施技术状况(TCI)

沿线设施技术状况用沿线设施技术状况指数(TCI)评价,按式(5-1-12)计算。

$$TCI = \sum \omega_i (100 - GD_{iTCI}) \quad (i = 1 \sim 8) \quad (5\text{-}1\text{-}12)$$

式中:GD_{iTCI}——第 i 类设施损坏的总扣分,最高分值为100,按表5-1-7的规定计算;

ω_i——第 i 类设施损坏的权重,按表5-1-7取值;

i——设施的损坏类型。

沿线设施扣分标准　　　　　　　　　　　　　　表5-1-7

类型 i	损坏名称	损坏程度	计量单位	单位扣分	权重 ω_i	备注
1	防护设施缺损	轻	处	10	0.25	
		重		30		
2	隔离栅栏		处	20	0.10	
3	标志缺损		处	20	0.25	
4	标线缺损		m	0.1	0.20	每10m扣1分,不足10m以10m计
5	绿化管护不善		m	0.1	0.20	

(3)综合评定

①路段 MQI

路段 MQI 计算:对非整公里的路段,除 PQI 外,SCI、BCI 和 TCI 三项指标的实际扣分均应换算成整公里值(扣分 × 基本评定单元长度/实际路段长度)。桥隧构造物评价结果(BCI)计入桥隧构造物所属路段。存在五类桥梁、危险隧道、危险涵洞的路段,MQI = 0。

②路线 MQI

路线技术状况评定时,应采用路线所包含的所有路段 MQI 算术平均值作为该路线的 MQI 值。

③等级评定

按表5-1-8的规定确定公路技术状况等级。按规范规定的格式统计 MQI 及分项指标的优、良、中、次、差的长度及比例。

公路技术状况标准　　　　　　　　　　　　　　表5-1-8

评价等级	优	良	中	次	差
MQI 及各级分项指标	≥90	≥80,<90	≥70,<80	≥50,<70	<60

三、技能操练

(1)Excel 技术在数据采集中的应用实例

①根据公路技术状况评定标准中的相关要求,用 Excel 软件编辑类似下面的表格,并将实地调查的数据填入表中,见表 5-1-9。

沥青混凝土路面损害调查表　　　　表 5-1-9

路线名称:×× 高速××段			调查方向:上行		调查时间:××××年×月　　调查人员:×××										
调查内容	程度	权重 ω_i		单位	起点桩号:K551+000　　终点桩号:K552+000 路段长度:1km　　路面宽度:11.25m										累计损坏
					1	2	3	4	5	6	7	8	9	10	
龟裂	轻	0.6		m^2											
	中	0.8													
	重	1.0													
块状裂缝	轻	0.6		m^2											
	重	0.8													
纵向裂缝	轻	0.6		m											
	重	1.0			1.6										1.6
横向裂缝	轻	0.6		m											
	重	1.0			2.3										2.3
坑槽	轻	0.8		m^2	0.01										0.01
	重	1.0													
松散	轻	0.6		m^2											
	重	1.0													
沉陷	轻	0.6		m^2											
	重	1.0													
车辙	轻	0.6		m											
	重	1.0													
波浪拥包	轻	0.6		m^2											
	重	1.0													
泛油		0.2		m^2	0.094										0.094
修补		0.1		m^2	3.75										3.75
评定结果: DR=　% PCI=					计算方法: $PCI = 100 - a_0 DR_1^{a_1}$ $DR = 100 \times \dfrac{\sum_{i=1}^{n} \omega_i \times A_i}{A}$ $a_0 = 15.00$ $a_1 = 0.412$											

②按照以上方法编制路基损坏调查表、桥隧结构损坏调查表、沿线设施损坏调查表,并将数据填入表格中。

(2)Excel 技术在数据统计计算中的应用实例

①表格定制

通过 Excel 强大的函数、统计计算功能,将现场采集到的路况数据进行路况的分项评定,见表 5-1-10,根据表 5-1-10 定制如图 5-1-2 的 Excel 表格。

公路技术状况评定明细表　　　　　　　　　　　表 5-1-10

路线名称:××高速××段　　技术等级:高速公路　　路面类型:沥青路面

检测方向:上行　　　　　　　　　　　　　　　××××年×月×日

路段桩号	长度(m)	MQI	路面	路面分项指标					路基	桥隧构造物 BCI	沿线设施 TCI
			PQI	PCI	RQI	RDI	SRI	PSSI	SCI		
K551+000~K552+000	1000	95.2	98.6	96.1	100	100	100	100	86.5	100	71.9
K552+000~K553+001	1000	95	99.8	99.5	100	100	100	100	84.3	100	63.4
K579+000~K580+002	1000	91.1	93.3	89.5	100	80	100	100	94.9	100	62.2
K581+000~K582+003	1000	91.8	92.3	86.5	100	80	100	100	80	100	87.7
平均值		93.3									

注:表中 PSSI 为抽样评定指标。

②数据与公式填写

在 A5~A8 单元格依次输入桩号数据:K551+000~K552+000、K552+000~K553+001、K579+000~K580+002、K581+000~K582+003。

在 B5~B8 单元格依次输入桩号数据:1000、1000、1000、1000。

在 E5~E8、F5~F8、G5~G8、H5~H8、I5~I8、J5~J8、K5~K8、L5~L8 单元格依次引用在分项表单的统计数据,见图 5-1-2;为了方便,此处也可以直接输入图 5-1-2 的数据。

在 D5 单元格输入公式"=0.35*E5+0.4*F5+0.15*G5+0.1*H5",其中的系数如 0.35、0.4 等均根据公路等级查表 5-1-1 确定。拖拉 D5 至 D8,计算结果见图 5-1-2。

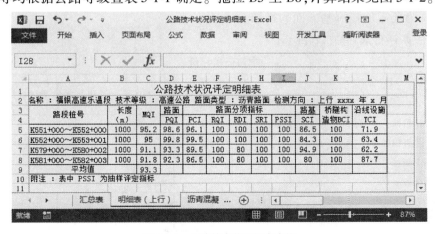

图 5-1-2　公路技术状况评定表格

在 C5 单元格输入公式"=0.7*D5+0.08*J5+0.12*K5+0.1*L5",其中的系数如 0.7、0.08、0.12、0.1 分别是路面、路基、桥隧、沿线设施在 MQI 中所占权重。拖拉 C5 至 C8,计算结果见图 5-1-2。

在 C9 单元格输入公式"=AVERAGE(C5:C8)",MQI 的平均值计算结果见图 5-1-2。

这样在原始数据表格中修改了数据,最后的评定明细表亦会更新数据,提高统计和计算的效率。

四、技能深化

在实际管理中,我国高速公路路况信息极为繁杂,需要一种直观明了的管理策略来为其做支撑。基于此,EXCEL 在公路路况管理环节突显其功用。Excel 是一种电子表格程序,可以创建多个工作簿集合,并且进行相关的数据统计与分析,还可以进行作图。因此,将其应用在高速公路路况管理环节执行数据检索指令较为合理。

五、技能归纳

本次学习控制图的绘制,基本的步骤概括为:
步骤一:表格形式定制。
步骤二:输入计算公式。
步骤三:成果计算与判定。

实际使用时,要多积累各个格式的计算模板,搞清 Excel 计算内容的内在逻辑关系,从认识开始,不断使用和熟练,最终达到熟练运用。

六、考核评价

1. 学生自我评价

(1)此次操练是否顺利?
(2)若不顺利,请列出遇到的问题。
(3)分析出现问题的原因,并提出修正方案。
(4)您认为还需加强哪些方面的指导?

2. 学习任务评价表(表 5-1-11)

学习任务评价表　　　　表 5-1-11

考核项目	分数			学生自评	小组互评	教师评价	小计
	差	中	好				
团队合作精神	6	13	20				
活动参与是否积极	6	13	20				
表格定制	6	13	20				
数据准备	6	13	20				
统计结果正确性	6	13	20				
总分	100						
教师签字:				年　月　日		得分	

七、作业

参照表 5-1-9,将表 5-1-3~表 5-1-7 制作成 Excel 格式的计算表格。

任务二 直方图用于工程质量管理

一、任务告知

1. 任务描述

公路工程施工过程中的动态质量管理主要通过对施工过程中的各种数据进行统计分析获得一系列代表这一生产过程的概率统计特征值,然后将这些统计分析结果随施工进度而变化的情况以图表的形式显示出来。通过这些概率统计特征值的变化可以帮助技术人员判断整个生产过程是否正常,如出现异常情况可帮助人们分析问题的原因及如何改正,提供改正的思路,还可以通过这些统计分析数据的变化趋势预测施工过程是否有偏离正常工艺过程的倾向,以便及时纠正。本任务以直方图绘制为例来进行介绍。

2. 教学目标

通过本任务的学习,应达到以下要求:
(1)掌握 Excel 统计特征值求解方法;
(2)掌握 Excel 直方图绘制方法;
(3)了解 Excel FREQUENCY 函数。

3. 内容结构

本任务的内容结构,如图 5-2-1 所示。

图 5-2-1 内容结构

二、任务导入

1. 统计特征值求解

表 5-2-1 所示为某工程公司混凝土强度实测数据,求其统计数据个数、平均值、最大值、最小值、标准差、变异系数等统计数字,目前常见的函数计算器统计计算功能能够完成需统计数据个数、平均值、标准差的计算。$x_1,x_2,x_3,\cdots,x_n$ 为 n 个系列数据,在此仅列出其平均值 $\bar{x}$、标准差 S、变异系数 C_v 的计算公式,式(5-2-1)为平均值计算公式,式(5-2-2)为标准差计算公式,式(5-2-3)为变异系数的计算公式。几个公式中,只有式(5-2-2)相对复杂,如需了解,这三个统计量的含义可以参照有关数学书籍。

$$\overline{x} = \frac{x_1 + x_2 + x_3 + \cdots + x_n}{n} \tag{5-2-1}$$

$$S = \sqrt{\frac{\sum_{i=1}^{n}(x_i - \overline{x})^2}{n-1}} \tag{5-2-2}$$

$$C_v = \frac{S}{\overline{x}} \tag{5-2-3}$$

某工程公司混凝土强度实测数据表　　　　表 5-2-1

顺　序	抗压强度(MPa)				
1	41.2	41.5	35.5	37.5	37.2
2	40.0	40.9	39.6	40.6	41.7
3	40.7	47.1	42.8	42.1	38.7
4	41.4	47.3	49.0	43.5	41.7
5	39.5	47.5	43.8	44.1	36.1
6	40.7	38.0	34.0	43.9	44.5
7	35.2	45.9	41.0	38.9	41.5

2. 直方图数据与绘制方法

（1）频数分布直方图绘制

频数分布直方图是整理计量值数据、找出数据分布中心和散布规律的一个十分有效的方法。直方图的做法：

①搜集数据

一般取 100 个左右，找出其最大值 x_{max} 和最小值 x_{min}。

②计算极差 R

极差值是全体数据中的最大值与最小值之差，即：$R = x_{max} - x_{min}$。

③确定组距和分组数

组距大小应根据测量数据的要求精度而定，组数应根据搜集数据总数的多少而定。

当搜集的数据总数为 50~100 个时，可分成 10~20 组，一般取 10 组为宜；当搜集的数据总数为 20~50 时，可分成 5~10 组。组数用字母 k 表示，组距用 h 表示。通常是先定组数，后定组距，见式(5-2-4)。

$$h = \frac{R}{k} \tag{5-2-4}$$

④决定分组区间值

将全体数据分组后，每个分组区间的数值都应该是连续的，不能有间断现象，即上一级的终点值，必须是下一组的起点值，组与组之间的数值不能间断。为避免数据刚好落在组界上，组界值的数据要比原数据精度高一级，第一组的上下界可按下式计算：

$$第一区间下界值 = x_{min} - \frac{h}{2}$$

$$第一区间上界值 = x_{min} + \frac{h}{2}$$

⑤制表并统计频数

分组区间确定之后,就可以绘制频数分布统计表。

⑥画频数分布直方图

频数分布直方图是一张坐标图,横坐标表示分组区间的划分,纵坐标表示各分组区间的发生频数。

如表 5-2-1 所示为某工程公司混凝土强度实测数据,其中 $x_{max}=49MPa$,$x_{min}=34MPa$,极差 $R=49-34=15MPa$,组数定为 7,组距 $h=15/7=2.1$,第一区间下界值 $=x_{min}-h/2=34-2.1/2=32.95$,第一区间上界值 $=x_{min}+h/2=34+2.1/2=35.05$,分组区间值确定之后,就可以绘制频数分布统计表,如表 5-2-2 所示。

分组区间统计频数　　　　　　　　　　表 5-2-2

序 号	分组区间界限值		频 数	频 率
1	32.95	35.05	1	0.029
2	35.05	37.15	3	0.086
3	37.15	39.25	5	0.143
4	39.25	41.35	9	0.256
5	41.35	43.45	7	0.2
6	43.45	45.55	5	0.143
7	45.55	47.65	4	0.114
8	47.65	49.75	1	0.029
合计			35	1

从频数分布统计表上已经可以看出全体数据的分布情况,但为进一步了解产品质量情况,还要画出频数分布直方图,如图 5-2-2 所示。

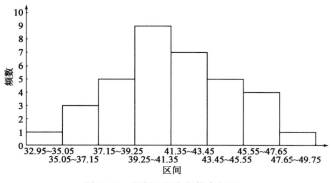

图 5-2-2　混凝土强度频数直方图

(2)直方图的作用

频数直方图在质量管理中主要用于判断质量分布状态,利用频数分布直方图可以分析判断施工过程中工程质量的实际分布状态。当作完频数分布直方图,首先要认真观察一下频数分布状态,看看分布状态是否正常。工程质量凡属于正常分布时,表现出来的柱状分布图形应基本呈现正态分布,也就是一个近似左右对称的山峰形。当出现非正态分布图形时,质量管理人员一定要做进一步分析和判断,找出非正态分布的原因,采取相应措施加以迅速纠正。

直方图判断质量分布状态举例：

当生产条件正常时，直方图应该是中间高、两侧低、左右接近对称的图形，如图5-2-3a）所示。当出现非正常图形时，就要进一步分析原因，并采取措施加以纠正。

常见的非正常图形有五种类型，见图5-2-3b）~f）。

（1）折齿型。图形出现凹凸状，见图5-2-3b），这多数是由于分组不当或组距确定不当所致。

（2）孤岛型。出现孤立的小直方图，见图5-2-3c），这是由于少量材料不合格，或短时间内工人操作不熟练所造成的。

（3）双峰值。图形出现了两个峰顶，见图5-2-3d），一般是由于两组生产条件不同的数据混淆在一起所造成的。

（4）缓坡型。图形向左或向右呈反缓坡状，即平均值 $\bar{X}$ 过于偏左或偏右，见图5-2-3e），这是由于工序施工过程中的上控制界限或下控制界限控制太严所造成的。

（5）绝壁型。直方图的分布中心偏向一倒，见图5-2-3f），常是由操作者的主观因素所造成的，即一般多是因数据收集不正常（如剔除了不合格品的数据），或是在工序检验中出现了人为的干扰现象。这时，应重新进行数据统计或重新按规定检验。

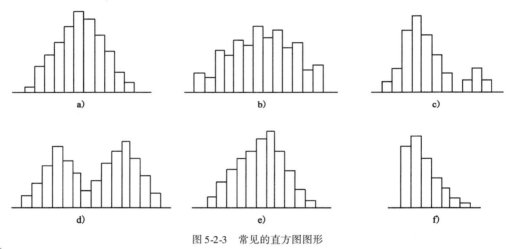

图5-2-3 常见的直方图图形

三、技能操练

1. 统计变量的 Excel 求解

输入如图5-2-4的表格，在对应单元格分别输入各自计算公式，图5-2-5是计算完成后的结果。

（1）数据个数

在图5-2-4单元格 B10 中输入"=COUNT(B2:F8)"，COUNT 函数能统计出"B2:F8"单元格的个数——也就是数据的个数 $n=35$（图5-2-5）。

（2）最大值

在图5-2-4单元格 B11 中输入"=MAX(B2:F8)"，MAX 函数能统计出"B2:F8"单元格的最大值49，见图5-2-5。

（3）最小值

在图5-2-4单元格 B12 中输入"=MIN(B2:F8)"，MIN 函数能统计出"B2:F8"单元格的最小值34，见图5-2-5。

	A	B	C	D	E	F
1	顺序	抗压强度(MPa)				
2	1	41.2	41.5	35.5	37.5	37.2
3	2	40.0	40.9	39.6	40.6	41.7
4	3	40.7	47.1	42.8	42.1	38.7
5	4	41.4	47.3	49.0	43.5	41.7
6	5	39.5	47.5	43.8	44.1	36.1
7	6	40.7	38.0	34.0	43.9	44.5
8	7	35.2	45.9	41.0	38.9	41.5
9						
10	数据个数			平均值		
11	最大值			标准差		
12	最小值			偏差系数		

图5-2-4　统计计算空白表

	A	B	C	D	E	F
1	顺序	抗压强度(MPa)				
2	1	41.2	41.5	35.5	37.5	37.2
3	2	40.0	40.9	39.6	40.6	41.7
4	3	40.7	47.1	42.8	42.1	38.7
5	4	41.4	47.3	49.0	43.5	41.7
6	5	39.5	47.5	43.8	44.1	36.1
7	6	40.7	38.0	34.0	43.9	44.5
8	7	35.2	45.9	41.0	38.9	41.5
9						
10	数据个数	35		平均值	41.274	
11	最大值	49.0		标准差	3.609	
12	最小值	34.0		偏差系数	0.087	

图5-2-5　统计计算结果

(4)平均值

在图5-2-4单元格E10中输入“=AVERAGE(B2:F8)”，AVERAGE函数能统计出“B2:F8”所有单元格对应的35个数据的平均值41.274，见图5-2-5。

(5)标准差

在图5-2-4单元格E11中输入“=STDEV.S(B2:F8)”，STDEV.S函数(输入界面见图5-2-6)能统计出“B2:F8”所有单元格对应的35个数据的标准差值3.609，见图5-2-5。

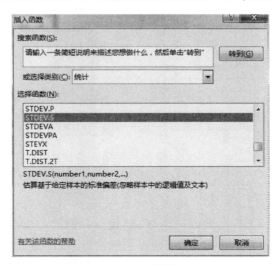

图5-2-6　统计函数输入界面

(6)变异系数

在图5-2-4单元格E10中输入“E11/E10”，也就是计算$\frac{\bar{x}}{s}$值，结果见图5-2-5。

2.直方图的Excel绘制方法

(1)编制表格

(2)填写公式

在图5-2-7中B10单元格输入公式“=MAX(B2:F8)”，B11单元格输入公式“=MIN(B2:F8)”，B12单元格输入公式“=B10-B11”，B13单元格输入数值“7”，B14单元格输入公式“=

B12/B13",B15 单元格输入公式"=B11-2.1/2",得到如图 5-2-8 所示的结果。

在图 5-2-7 中 C10~C17 单元格中依次输入数值 32.95~35.05、35.05~37.15、37.15~39.25、39.25~41.35、41.35~43.45、43.45~45.55、45.55~47.65、47.65~49.75。在 E10 单元格中输入公式"=B15+2.1",在 E11 单元格中输入公式"=E10+2.1",从 E11 拖拉至 E17,结果见图 5-2-8。

在图 5-2-8 中同时选择"F10~F16"单元格,输入公式"=FREQUENCY(B2:F8,E10:E17)",同时按下"Ctrl+Shift+Enter"组合键,在"F10~F16"单元格依次显示"B2~F8"数据中小于等于"E10~E16"对应值出现的频率。完成后单击 F10,公式提示栏显示如图 5-2-8 上方所示,即"{=FREQUENCY(B2:F8,E10:E17)}",这里的大括号是按下"Ctrl+Shift+Enter"组合键以后 Excel 自动加上的,而不是输入的符号。

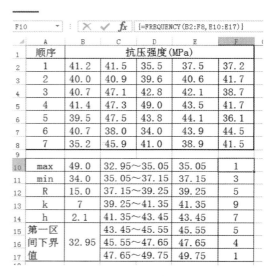

图 5-2-7　直方图空白表格　　　　　图 5-2-8　自动统计频数图

(3) 制作直方图

点击"插入"→"二维柱形图"→"簇状柱形图",右键单击空白图表,在弹出菜单中选择"选择数据",先选择"C10~C17",此时按下"Ctrl"键,再选择"F10~F17",这样这两组数据均被选中,见图 5-2-9,点击图 5-2-9"确定"按钮得到初始直方图,见图 5-2-10。

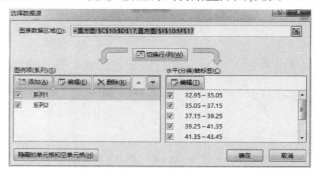

图 5-2-9　间隔列选择数据

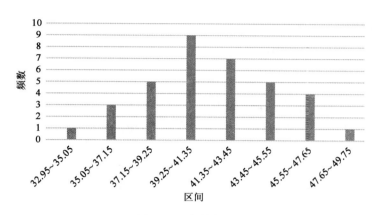

图 5-2-10　初始直方图

右键单击图 5-2-10 中的任一条"柱",在弹出菜单中选择"设置数据系列格式",在图 5-2-11 中点击序列选项,设置主坐标轴分类间距为 0%,在图 5-2-12 中设置次坐标轴分类间距为 0%。在填充颜色选项中选择"白色",边框选择"实线""黑色""1.5 磅"宽。选择坐标轴下方数据,选择所有文字旋转"270°",纵轴名称为"频数",横轴名称为"区间",结果见图 5-2-13。文字角度采用横向布置时为横向时,见图 5-2-4。

图 5-2-11　主坐标轴设置

图 5-2-12　次坐标轴设置

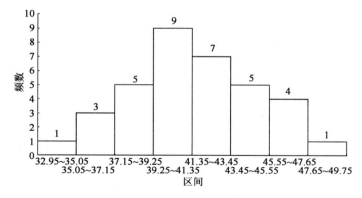

图 5-2-13　直方图效果图

四、技能深化

1. 统计特征值在施工中的应用

平均值在施工很多评定中均会用到,在此不再赘述。以《公路水泥混凝土路面施工技术细则》(JTG/T F30—2014)中水泥混凝土配制28d弯拉强度计算(f_c)确定为例,式(5-2-5)中出现了变异系数C_v和标准差S。S在有试验数据时,采用试验样本的标准差,无试验数据时参照规范规定值,见表5-2-3;C_v在有统计数据时,采用统计数据(采用值不得小于0.05),无统计数据时参照规范规定值,见表5-2-4,高速公路、一级公路取低值,二级公路取低值或中值。从表5-2-3、表5-2-4可以看到公路等级越高,要求的标准差和变异系数越低,对施工质量也要求越严。

$$f_c = \frac{f_r}{1 - 1.04 \times C_v} + t \times S \tag{5-2-5}$$

各级公路水泥混凝土面层弯拉强度试验样本的标准差 S　　　　表5-2-3

公路等级	高速	一级	二级	三级	四级
目标可靠度(%)	95	90	85	80	70
目标可靠指标	1.64	1.28	1.04	0.84	0.52
样本的标准差 S(MPa)			$0.45 \leq S \leq 0.67$		$0.40 \leq S \leq 0.80$

变异系数 C_v 的范围　　　　表5-2-4

弯拉强度变异水平	低	中	高
弯拉强度变异系数 C_v 的范围	$0.05 \leq C_v \leq 0.10$	$0.10 \leq C_v \leq 0.15$	$0.15 \leq C_v \leq 0.20$

水泥混凝土弯拉强度评定时当标准小梁合格判定平均弯拉强度、最小弯拉强度和统计变异系数有一个数据不符合要求时,应在不合格路段每车道每公里钻取3个以上直径150mm的钻芯,实测劈裂强度,通过各自工程的经验统计公式换算弯拉强度,其合格判定平均弯拉强度和最小值必须合格。该检查中,采用Excel计算平均值、最小值和变异系数,可以提高工作效率。

2. 直方图的质量判断在工程中应用

在质量控制指标中,有几种不同性质的指标,一种是有一个目标值,如设计孔隙率、油石比等,同时有一个被允许波动的范围;有一种是单边规定只要符合最大值或最小值要求,如压实度、稳定度等;还有一种是只有一个范围,并没有目标值,如马歇尔流值。这些不同的情况在绘制管理图时都会有所不同。

直方图在质量控制中的用途,主要有估计可能出现的不合格率、考察工序能力、判断质量分布状态和判断施工能力。

通过直方图,可以清楚观察出在每个区间的质量数据分布情况,数据波动幅度有多大,数据分布是否符合正态或t分布,而施工过程中的正常质量数据也是符合一定分布规律,在一定幅度范围内波动的。从而可以把利用直方图对质量数据加工整理、观察分析和掌握质量分布规律、判断生产过程是否正常,除此以外,直方图还可用来估计工序不合格品率的高低、制订质量标准、确定公差范围、评价施工管理水平等。

五、技能归纳

本次学习直方图的绘制,基本的步骤概括为:
步骤一:表格形式定制。
步骤二:输入计算公式。
步骤三:插入柱形图与格式调整。
实际使用时,要多积累各个格式的计算模板,搞清 Excel 计算内容的内在逻辑关系,从认识开始,不断使用和熟练,最终达到熟练运用。

六、考核评价

1. 学生自我评价
(1)此次操练是否顺利?
(2)若不顺利,请列出遇到的问题。
(3)分析出现问题的原因,并提出修正方案。
(4)您认为还需加强哪些方面的指导?
2. 学习任务评价(表 5-2-5)

学习任务评价表　　　　　　　　　　　表 5-2-5

考核项目	分　　数			学生自评	小组互评	教师评价	小计
	差	中	好				
团队合作精神	6	13	20				
活动参与是否积极	6	13	20				
统计数数据计算	6	13	20				
直方图数据准备	6	13	20				
直方图绘制	6	13	20				
总分	100						
教师签字:				年　月　日		得分	

七、作业

总结绘制直方图的步骤及其在工程质量控制中的应用。

任务三　控制图法工程质量动态管理

一、任务告知

1. 任务描述

质量控制中比较常用而有效的统计方法有频数分布直方图法、排列图法、因果分析图法、分层法、相关图法、统计调查分析法和控制图法等,但前六种分析方法都是通过某一段时间内的数值,事后进行分析,拟定控制方法。因此,可以说,这些工具和方法都是静态的。而控制图则可动态地反映质量特性的变化,根据数据随时间的变化,可以动态地掌握质量状态,判断其生产过程的稳定性。这样,就可以实现对工序质量的动态控制,及时发现隐患,并采取措施,防止不合格产品的产生。下面以某公路沥青路面施工油石比的控制图法为例,介绍动态质量控制的 Excel 方法。

2. 教学目标

通过本任务的学习,应达到以下要求:
(1)了解控制图的作用;
(2)掌握普通控制图绘制方法;
(3)了解分段控制图绘制方法。

3. 内容结构

本任务的内容结构,如图 5-3-1 所示。

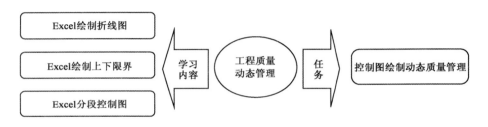

图 5-3-1　内容结构

二、任务导入

控制图又称管理图,它是由美国贝尔电话研究所休哈特博士于 1924 年创立的,因此原称休哈特控制图,简称控制图。休哈特控制图主要用于判断生产过程是否处于稳定状态,及时发现异常,从而贯彻预防为主的原则。

控制图是对生产过程中产品质量状态进行控制的工具,是统计过程控制中最重要的方法。人们对控制图的评价是:质量管理始于控制图,亦终于控制图。由于它把产品质量控制从事后检验改变为事前预防,为保证产品质量、降低生产成本、提高生产效率开辟了广阔的前景,因此它在世界各国得到了广泛的应用。

控制图是判断生产过程的质量状态和控制工序质量的一种有效的工具。控制图的基本形式,如图 5-3-2 所示。

控制图一般有三条线:最上面的一条线为控制上限,用符号 UCL 表示;中间的一条叫中心线,用符号 CL 表示;最下面的一条叫控制下限,用符号 LCL 表示。在生产过程中,按规定取样,测定其特性值,将其统计量作为一个点画在控制图上,然后连接各点成一条折线,即表示质量波动情况。

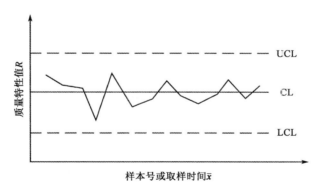

图 5-3-2　控制图基本形式

1. 平均值—极差控制图简介

在没有以往施工数据统计的情况下,可以采用平均值—极差控制图($\bar{x}$-R 图)进行沥青路面施工质量的动态控制。在 $\bar{x}$-R 管理图中应以平均值 $\bar{x}$ 作为中心线 CL,并标出质控上限 UCL 和质控下限 LCL,表示允许的施工正常波动范围。其中心线、质控上限、质控下限按下式计算:

$\bar{x}$ 图中:

$$CL = \bar{\bar{x}}$$
$$UCL = \bar{\bar{x}} + A_2 \bar{R}$$
$$LCL = \bar{\bar{x}} - A_2 \bar{R}$$

R 图中:

$$CL = \bar{R}$$
$$UCL = D_4 \bar{R}$$
$$LCL = D_3 \bar{R}$$

式中：　CL——$\bar{x}$ - R 管理图中中心线,一个阶段各组检测结果或极差的平均值;

UCL——$\bar{x}$ - R 管理图中的质量控制上限;

LCL——$\bar{x}$ - R 管理图中的质量控制下限;

标准上限——规范或者业主施工指导意见提供的接受上限;

标准下限——规范或者业主施工指导意见提供的接受下限;

$\bar{\bar{x}}$——一个阶段各组检测结果平均值 $\bar{x}$ 的平均值;

$\bar{R}$——一个阶段各组检测结果极差 R 的平均值;

A_2、D_3、D_4——由一组检测结果的试验次数决定的控制图系数,见《公路沥青路面施工技术规范》(JTG F40—2004)附录 F 有关表格。

2. 控制图的观察分析

应用控制图的主要目的是分析判断生产过程是否处于稳定状态,预防不合格品的发生。怎样用控制图来分析判断生产过程是正常还是异常呢？根据数理统计计算可知,当控制图的点子满足以下两个条件就认为生产过程基本上处于控制状态,即生产正常。一是连续 25 点中没有一点在界限外,或连续 35 点中最多一点在界限外,或连续 100 点中最多 2 点在界限外;二是点子随机排列没有缺陷。否则,就认为生产过程发生了异常变化,必须把引起这种变化的原因找出来,并排除掉。这里所说的点子在控制界限内排列有缺陷,包括以下几种情况:

(1)点子连续在中心线一侧出现 7 个以上,见图 5-3-3a)。

(2)连续 7 个以上点子上升或下降,见图 5-3-3b)。

(3)点子在中心线一侧多次出现,如连续 11 个点中至少有 10 个点在同一侧,见图 5-3-3c);或连续 14 点中至少有 12 点、连续 17 点中至少有 14 点、连续 20 点中至少有 16 点出现在同一侧。

(4)点子接近控制界限,如连续 3 个点中至少有 2 点在中心线上或下 2 倍标准偏差横线以外出现,见图 5-3-3d);或连续 7 点中至少有 3 点或连续 10 点中至少有 4 点在该横线外出现。

(5)点子出现周期性波动见图 5-3-3e),也属于排列不正常的现象,但无数量方面的标准,需凭经验判断。

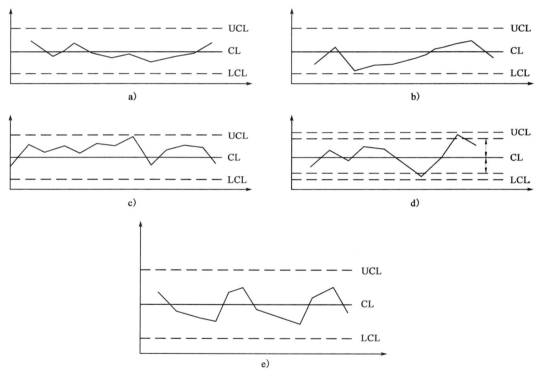

图 5-3-3 控制图的异常系数

3. 平均值—极差控制图在沥青路面施工质量的动态控制的任务

现在施工质量数据的动态管理除了原始数据随时间变化的曲线外,通常采用平均值和极差的管理方法。以某工程 1 个月的油石比抽提数据为例,试验结果见表 5-3-1(为说明问题故意选用波动特别大的数据)。由此可以绘制出 3 张质量管理图,即工程逐日检测结果平均值 $\bar{x}$ 管理图(每天 3 次检测的平均值)、一定日期(前 3 天)平均值 $\bar{x}$ 的极差管理图、相同日期每天检测结果平均值 $\bar{x}$ 的平均值 $\bar{\bar{x}}$ 管理图,统称为 $\bar{x}\text{-}R$ 管理图。

油石比逐日试验结果记录　　　　　　　　　　　　　　　　　　　　　表 5-3-1

检测次数（日期）	当天检测结果（3 次抽提的平均值）	前 3 天的平均值	前 3 天平均值极差	检测次数（日期）	当天检测结果（3 次抽提的平均值）	前 3 天的平均值	前 3 天平均值极差
1	6.3			16	6.26	5.75	0.10
2	5.8			17	6	5.80	0.00
3	5.73	5.94	0.57	18	5.75	6.00	0.51
4	6	5.84	0.27	19	6.2	5.98	0.45
5	6.2	5.98	0.47	20	6	5.98	0.45
6	5.8	6.00	0.40	21	6.1	6.10	0.20
7	5.75	5.92	0.45	22	5.8	5.97	0.30
8	6	5.85	0.25	23	5.9	5.93	0.30
9	6.2	5.98	0.45	24	6.1	5.93	0.30
10	5.9	6.03	0.30	25	5.9	5.97	0.20
11	6.1	6.07	0.30	26	6.15	6.05	0.25
12	5.9	5.97	0.20	27	6.18	6.08	0.30
13	6.2	6.07	0.30	28	6	6.11	0.18
14	5.7	5.93	0.50	29	5.75	5.98	0.43
15	5.8	5.90	0.50	30	6.1	5.95	0.35

三、技能操练

1. 编制表格

建立如图 5-3-2 控制图表格,先建立空白表格(图 5-3-4),然后参照表 5-3-1 在图 5-3-4 单元格 B3～B32 输入原始数据。

2. 填写公式

(1) 计算前 3 天的平均值

在图 5-3-4 单元格 C5 中输入公式"=AVERAGE(B3:B5)",并拖拉至 C32 单元格,结果见图 5-3-4。

(2) 计算前 3 天平均值极差

在图 5-3-4 单元格 D5 中输入公式"=MAX(B3:B5)-MIN(B3:B5)",并拖拉至 D32 单元格,结果见图 5-3-4。

(3) 计算统计特征值

在图 5-3-4 单元格 B33 中输入公式"=AVERAGE(B3:B32)",得到 $\bar{x}$ 值。

在图 5-3-4 单元格 C33 中输入公式"=AVERAGE(C5:C32)",得到 $\bar{\bar{x}}$ 值。

在图 5-3-4 单元格 D33 中输入公式"=AVERAGE(D5:D32)",得到 $\bar{R}$ 值。

(4) 计算 $\bar{x}$ 中心线、控制上限、控制下限

在 B35、B36、B37 中依次输入 1.023、0、2.575(规范规定的 $n=3$ 时的控制图系数),D36 中

输入“ = B33”，在 D35 中输入“ = B33 + D33 * B35”，在 D37 中输入“ = B33 - D33 * B35”。

在 E3、F3、G3 单元格依次输入 6.36、5.99、5.61（对应 D35、D36、D37 的值，为了截位，采用直接输入，而没有引用表格）。拖拉 E3、F3、G3 至 E32、F32、G32。

	A	B	C	D	E	F	G	H	I	J	K	L	M	N	O
1	日期	当天检测值	前三天的平均值	前三天平均值极差	$\overline{X}$			R			$\overline{\overline{X}}$				
2					控制上限	中心线	控制下限	控制上限	中心线	控制下限	5天的平均值	5天极差	控制上限	中心线	控制下限
3	1	6.30			6.36	5.99	5.61	####	0.36	0.00					
4	2	5.80			6.36	5.99	5.61	####	0.36	0.00					
5	3	5.73	5.94	0.57	6.36	5.99	5.61	####	0.36	0.00			6.03	5.94	5.85
6	4	6.00	5.84	0.27	6.36	5.99	5.61	####	0.36	0.00			6.03	5.94	5.85
7	5	6.20	5.98	0.47	6.36	5.99	5.61	####	0.36	0.00			6.03	5.94	5.85
8	6	5.80	6.00	0.40	6.36	5.99	5.61	####	0.36	0.00			6.03	5.94	5.85
9	7	5.75	5.92	0.45	6.36	5.99	5.61	####	0.36	0.00	5.94	0.16	6.03	5.94	5.85
10	8	6.00	5.85	0.25	6.36	5.99	5.61	####	0.36	0.00			6.10	5.97	5.84
11	9	6.20	5.98	0.45	6.36	5.99	5.61	####	0.36	0.00			6.10	5.97	5.84
12	10	5.90	6.03	0.30	6.36	5.99	5.61	####	0.36	0.00			6.10	5.97	5.84
13	11	6.10	6.07	0.30	6.36	5.99	5.61	####	0.36	0.00			6.10	5.97	5.84
14	12	5.90	5.97	0.20	6.36	5.99	5.61	####	0.36	0.00	5.97	0.22	6.10	5.97	5.84
15	13	6.20	6.07	0.30	6.36	5.99	5.61	####	0.36	0.00			6.06	5.96	5.86
16	14	5.70	5.93	0.50	6.36	5.99	5.61	####	0.36	0.00			6.06	5.96	5.86
17	15	5.80	5.90	0.50	6.36	5.99	5.61	####	0.36	0.00			6.06	5.96	5.86
18	16	6.26	5.92	0.56	6.36	5.99	5.61	####	0.36	0.00			6.06	5.96	5.86
19	17	6.00	6.02	0.46	6.36	5.99	5.61	####	0.36	0.00	5.96	0.17	6.06	5.96	5.86
20	18	5.75	6.00	0.51	6.36	5.99	5.61	####	0.36	0.00			6.09	6.02	5.95
21	19	6.20	5.98	0.45	6.36	5.99	5.61	####	0.36	0.00			6.09	6.02	5.95
22	20	6.00	5.98	0.45	6.36	5.99	5.61	####	0.36	0.00			6.09	6.02	5.95
23	21	6.10	6.10	0.20	6.36	5.99	5.61	####	0.36	0.00			6.09	6.02	5.95
24	22	5.80	5.97	0.30	6.36	5.99	5.61	####	0.36	0.00	6.02	0.12	6.09	6.02	5.95
25	23	5.90	5.93	0.30	6.36	5.99	5.61	####	0.36	0.00			6.04	5.97	5.90
26	24	6.10	5.93	0.30	6.36	5.99	5.61	####	0.36	0.00			6.04	5.97	5.90
27	25	5.90	5.97	0.20	6.36	5.99	5.61	####	0.36	0.00			6.04	5.97	5.90
28	26	6.15	6.05	0.25	6.36	5.99	5.61	####	0.36	0.00			6.04	5.97	5.90
29	27	6.18	6.08	0.28	6.36	5.99	5.61	####	0.36	0.00	5.97	0.12	6.04	5.97	5.90
30	28	6.00	6.11	0.18	6.36	5.99	5.61	####	0.36	0.00			6.12	6.04	5.96
31	29	5.75	5.98	0.43	6.36	5.99	5.61	####	0.36	0.00			6.12	6.04	5.96
32	30	6.10	5.95	0.35	6.36	5.99	5.61	####	0.36	0.00	6.04	0.14	6.12	6.04	5.96
33	平均值	5.99	5.98	0.36											
34	控制图系数		平均值控制图		极差绘制图										
35	A2	1.023	控制上限	6.36	控制上	0.93									
36	D3	0	中心线	5.99	中心线	0.36									
37	D4	2.575	控制下限	5.61	控制下	0.00									

图 5-3-4　控制图表格

（5）计算$\overline{R}$中心线、控制上限、控制下限

在 F36 中输入“ = D33”，在 F35 中输入“ = B37 * F36”，在 F37 中输入“ = F36 * B36”。

在 H3、I3、J3 单元格依次输入 0.93、0.36、0.00（对应 F35、F36、F37 的值）。拖拉 H3、I3、J3 至 H32、I32、J32。

（6）计算$\overline{\overline{x}}$中心线、控制上限、控制下限

分别在 K9、L9 中输入公式“ = AVERAGE(C5:C9)”“ = MAX(C5:C9) - MIN(C5:C9)”。

分别在 K14、L14 中输入公式“ = AVERAGE(C9:C13)”“ = MAX(C9:C13) - MIN(C9:C13)”。

分别在 K19、L19 中输入公式“ = AVERAGE(C14:C18)”“ = MAX(C14:C18) - MIN(C14:

C18)"。

分别在 K24、L24 中输入公式"=AVERAGE(C19:C23)""=MAX(C19:C23)-MIN(C19:C23)"。

分别在 K29、L29 中输入公式"=AVERAGE(C24:C28)""=MAX(C24:C28)-MIN(C24:C28)"。

分别在 K32、L32 中输入公式"=AVERAGE(C27:C31)""=MAX(C27:C31)-MIN(C27:C31)"。

分别在 N5 中输入 5.94,M5 中输入"=5.94+0.577*0.16",O5 中输入"=5.94-0.577*0.16",并拖拉 M5、N5、O5 至 M9、N9、O9。

分别在 N10 中输入 5.97,M10 中输入"==5.97+0.577*0.22",O10 中输入"=5.97-0.577*0.22",并拖拉 M10、N10、O10 至 M14、N14、O14。

分别在 N15 中输入 5.96,M15 中输入"=5.96+0.577*0.17",O15 中输入"=5.96-0.577*0.17",并拖拉 M15、N15、O15 至 M19、N19、O19。

分别在 N20 中输入 6.02,M20 中输入"=6.02+0.577*0.12",O20 中输入"=6.02-0.577*0.12",并拖拉 M20、N20、O20 至 M24、N24、O24。

分别在 N25 中输入 5.97,M25 中输入"=5.97+0.577*0.12",O25 中输入"=5.97-0.577*0.12",并拖拉 M25、N25、O25 至 M29、N29、O29。

分别在 N30 中输入 6.04,M30 中输入"=6.04+0.577*0.14",O30 中输入"=6.04-0.577*0.14",并拖拉 M30、N30、O30 至 M32、N32、O32。

3. 制作控制图

(1)绘制工程逐日检测结果平均值管理图

点击"插入"—"二维折线图"—"折线图",右键单击空白图表,在弹出菜单中选择"选择数据",先选择"B3~B32",同时按下"Ctrl"键,再选择"E3~E32""F3~F32""G3~G32",见图 5-3-5,点击图 5-3-5"确定"按钮得到初始控制图,经过系列格式修改,成果图见图 5-3-6。

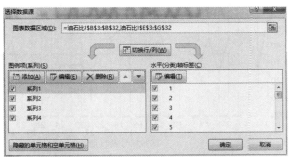

图 5-3-5　间隔列选择数据

(2)绘制一定日期(前 3 天)平均值的极差管理图

点击"插入"—"二维折线图"—"折线图",右键单击空白图表,在弹出菜单中选择"选择数据",先选择"D3~D32",同时按下"Ctrl"键,再选择"H3~H32""I3~I32""J3~J32",见图 5-3-7,点击水平分类轴标签,选择"A5~A32",点击图 5-3-7"确定"按钮得到初始控制图,经过系列格式修改,成果图见图 5-3-8。

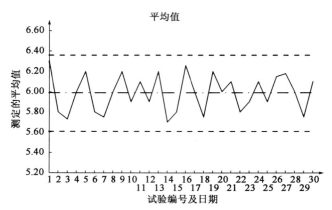

图 5-3-6　初步的控制图

图 5-3-7　数据选择对话框

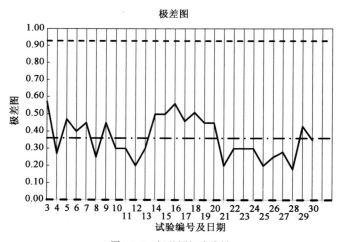

图 5-3-8　极差图初步成果

（3）绘制相同日期每天检测结果平均值的平均值管理图

点击"插入"→"二维折线图"→"折线图"，右键单击空白图表，在弹出菜单中选择"选择数据"，先选择"C3～C32"，同时按下"Ctrl"键，再选择"M3～M32""N3～N32""Q3～Q32"见图5-3-9，点击水平分类轴标签，选择"A5～A32"，点击图5-3-9"确定"按钮得到初始控制图，经过系列格式修改，成果图见图5-3-10。

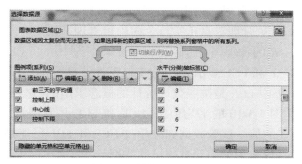

图 5-3-9 数据选择对话框

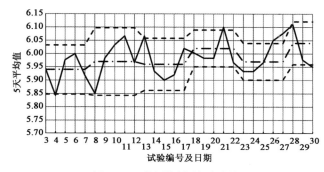

图 5-3-10 $\bar{x}$ 图控制图初步成果

四、技能深化

1. 质量控制与质量验收的区别

需要注意的是,平均值—极差控制图中的控制界限和平均值—标准差的拒绝界限是截然不同的。行业的标准差是技术术语、质量标准的范畴,直接决定产品能否被拒绝,是判断产品"合格"和"不合格"的依据。平均值—极差中的质量控制界限是不同的,代表不同施工单位的技术水平和管理能力,质量控制图反映施工过程的波动情况,是判断施工过程正常和异常的依据,不能决定产品的合格与不合格。在 $\bar{x}$-R 管理图中,如果试验指标超过质量控制界限,则表明施工水平下降时,应研究对策。

2. 对控制图的利用

图 5-3-6、图 5-3-8、图 5-3-10 这三张图用途各有不同,图 5-3-6 是检查每天的试验结果是否符合设计油石比 ±0.3% 的技术要求,其中第 1、14 天不符合规范要求。图 5-3-8 中的曲线变化表示逐日平均值变化的情况(极差)还是比较大的,有时候 3 天之内检测结果可以相差接近 0.6%。说明需要进一步加强油石比的稳定性。图 5-3-10 是从每 3 天检测结果的平均值连续变化从统计学的观点检查试验数据的变异性。表面看平均值还比较稳定,基本上在目标油石比上下变化,但从绘出的 UCL 及 LCL 线可以看出问题,本图取 5 天为一个阶段分析,以第 1 个阶段即第 3~7 天为例,求取这 5 天(前 3 天的平均值)的平均值为 5.94,极差为 0.16,从规范中查得 $n=5$ 时,$A_2 = 0.577$,则 UCL = 6.03,LCL = 5.84。按相同的方法可以计算以后每 5 天的 UCL 及 LCL。

有时候极差图还可以采用一天内若干次试验的极差绘制,例如,每天的马歇尔试验有 3

次,每次 4 个试件,利用极差图可以看出生产的沥青混合料、取样、制件的均匀性。

因此,充分利用动态质量管理对真正实行全面质量管理来说是非常有用的手段。

在动态质量管理 $\bar{x} - R$ 的管理图中,应以平均值 $\bar{x}$ 作为中心线 CL,并标出质控上限 UCL 和质控下限 LCL,这里 UCL 和 LCL 表示允许的施工正常波动范围,并不是规范规定的允许差范围。质控上限 UCL 和下限 LCL 是按照数理统计的概念求出的,它与一个统计周期的试验数据的数目 n 有关,所以在图 5-3-10 的平均值图,UCL 和 LCL 并不是常数。而规范规定的标准上限和下限一般是个不变的值。试验数据如果超过 UCL 和 LCL 可能是合格的,但从数理统计的角度看,它是不正常的,应视为施工异常或试验数据异常。

确定 UCL 和 LCL 是每隔一段时间根据平均值和极差求取的。这个时间通常根据数据变化情况确定,不一定都固定取 5 天,连续变化很小时周期可选长一些,变化波动比较大宜经常检查。由于都是采用计算机操作,具体绘制并不困难。

3. 程序的通用性问题讨论

本次 Excel 解决的问题操作偏多,采用前述方法只能解决固定问题,数据数量改变时,会带来较大的工作量,可以在本次公式输入的基础上,尝试采用 VBA 定制的方法,会更好地提高工作效率。

五、技能归纳

本任务中控制图的绘制,基本的步骤概括为:

步骤一: 表格形式定制。

步骤二: 输入计算公式。

步骤三: 插入控制图图与格式调整。

实际使用时,要多积累各个格式的计算模板,搞清 Excel 计算内容的内在逻辑关系,从认识开始,不断使用和熟练,最终达到熟练运用。

六、考核评价

1. 学生自我评价

(1)此次操练是否顺利?

(2)若不顺利,请列出遇到的问题。

(3)分析出现问题的原因,并提出修正方案。

(4)您认为还需加强哪些方面的指导?

2. 学习任务评价表(表 5-3-2)

学习任务评价表   表 5-3-2

考核项目	分数			学生自评	小组互评	教师评价	小计
	差	中	好				
团队合作精神	6	13	20				
活动参与是否积极	6	13	20				

续上表

考核项目	分数			学生自评	小组互评	教师评价	小计
	差	中	好				
表格定制	6	13	20				
数据准备	6	13	20				
控制图绘制	6	13	20				
总分	100						
教师签字：				年　月　日		得分	

七、作业

总结绘制控制图的步骤及其在工程质量控制中的应用。

附录 闭合曲线计算程序

Const Pi = 3.1415926 '在声明段,定义常量

Private Sub CommandButton1_Click() '对应"计算"按钮
Dim i As Integer, j As Integer
Dim intInteger As Integer
Dim sum(8) As Single
CommandButton1.Enabled = True
CommandButton2.Enabled = False
For i = 0 To 8
sum(i) = 0#
Next i

For i = 5 To 15
  If Sheet1.Cells(i, 2) = "" Then
intInteger = i
   Exit For
  Else
Sheet1.Cells(i, 5) = Sheet1.Cells(i, 2) + Sheet1.Cells(i, 3) / 60 + Sheet1.Cells(i, 4)/3600
sum(0) = sum(0) + Sheet1.Cells(i, 5).Value
  End If
Next i

Sheet1.Cells(intInteger + 1, 5) = sum(0)
Sheet1.Cells(intInteger + 2, 5) = Sheet1.Cells(intInteger + 2, 2) + Sheet1.Cells(intInteger + 2, 3)/60 + Sheet1.Cells(intInteger + 2, 4) / 3600
Sheet1.Cells(4, 8) = Sheet1.Cells(intInteger + 2, 5)
Sheet1.Cells(8, 8) = Sheet1.Cells(intInteger + 2, 5)
Sheet1.Cells(intInteger + 3, 6) = sum(0) − 360
Sheet1.Cells(intInteger + 4, 6) = Int(3600 ∗ Sheet1.Cells(intInteger + 3, 6))

For i = 5 To (intInteger − 1)

```
Sheet1.Cells(i, 6) = -Sheet1.Cells(intInteger + 3, 6) / (intInteger - 5)
Sheet1.Cells(i, 7) = Sheet1.Cells(i, 5) + Sheet1.Cells(i, 6)
Sheet1.Cells(i, 7) = Sheet1.Cells(i, 5) + Sheet1.Cells(i, 6)
sum(1) = sum(1) + Sheet1.Cells(i, 6)
sum(2) = sum(2) + Sheet1.Cells(i, 7)
Next i

For i = 4 To (intInteger - 2)
Sheet1.Cells(i + 1, 8) = Sheet1.Cells(i, 8) + Sheet1.Cells(i + 1, 7) + IIf((Sheet1.Cells(i, 8) + Sheet1.Cells(i + 1, 7)) > 180, -180, 180)
Next i

Sheet1.Cells(intInteger - 1, 8) = Format(Sheet1.Cells(intInteger - 1, 8), "#.0")
Sheet1.Cells(intInteger + 1, 6) = sum(1)
Sheet1.Cells(intInteger + 1, 7) = sum(2)
For i = 4 To (intInteger - 2)
sum(3) = sum(3) + Sheet1.Cells(i, 9)
Sheet1.Cells(i, 10) = Sheet1.Cells(i, 9) * Cos((Pi * Sheet1.Cells(i, 8)) / 180)
Sheet1.Cells(i, 11) = Sheet1.Cells(i, 9) * Sin((Pi * Sheet1.Cells(i, 8)) / 180)
sum(4) = sum(4) + Sheet1.Cells(i, 10)
sum(5) = sum(5) + Sheet1.Cells(i, 11)
Next i

Sheet1.Cells(intInteger + 1, 9) = sum(3)
Sheet1.Cells(intInteger + 1, 10) = sum(4)
Sheet1.Cells(intInteger + 1, 11) = sum(5)
Sheet1.Cells(intInteger + 3, 9) = Sqr(sum(4) ^ 2 + sum(5) ^ 2)
Sheet1.Cells(intInteger + 4, 10) = sum(3) / Sqr(sum(4) ^ 2 + sum(5) ^ 2)

For i = 4 To (intInteger - 2)
Sheet1.Cells(i, 12) = Sheet1.Cells(i, 10) - Sheet1.Cells(i, 9) * sum(4) / sum(3)
Sheet1.Cells(i, 13) = Sheet1.Cells(i, 11) - Sheet1.Cells(i, 9) * sum(5) / sum(3)
sum(6) = sum(6) + Sheet1.Cells(i, 12)
sum(7) = sum(7) + Sheet1.Cells(i, 13)
Next i

Sheet1.Cells(intInteger + 1, 12) = sum(6)
Sheet1.Cells(intInteger + 1, 13) = sum(7)
```

```
For i = 5 To (intInteger - 1)
Sheet1.Cells(i, 14) = Sheet1.Cells(i - 1, 14) + Sheet1.Cells(i - 1, 12)
Sheet1.Cells(i, 15) = Sheet1.Cells(i - 1, 15) + Sheet1.Cells(i - 1, 13)
Next i

CommandButton1.Enabled = False
CommandButton2.Enabled = True

End Sub


Private Sub CommandButton2_Click()   '对应"清空"按钮
    Dim i As Integer, j As Integer
    Dim intInteger As Integer

    For i = 5 To 15
       If Sheet1.Cells(i, 2) = "" Then
intInteger = i
          Exit For
       End If
    Next i

    For i = 5 To intInteger + 2
Sheet1.Cells(i, 5) = ""
Sheet1.Cells(i, 6) = ""
Sheet1.Cells(i, 7) = ""

    Next i

    For i = 4 To intInteger + 2
Sheet1.Cells(i, 8) = ""
Sheet1.Cells(i, 10) = ""
Sheet1.Cells(i, 11) = ""
Sheet1.Cells(i, 12) = ""
Sheet1.Cells(i, 13) = ""
    Next i
```

```
    For i = 5 To intInteger - 1
Sheet1.Cells(i, 14) = ""
Sheet1.Cells(i, 15) = ""
    Next i

Sheet1.Cells(intInteger + 3, 6) = ""
Sheet1.Cells(intInteger + 4, 6) = ""
Sheet1.Cells(intInteger + 1, 9) = ""
Sheet1.Cells(intInteger + 3, 9) = ""
Sheet1.Cells(intInteger + 4, 10) = ""

    CommandButton1.Enabled = True
    CommandButton2.Enabled = False

End Sub
```

参 考 文 献

[1] 中华人民共和国行业标准.JTG E40—2007 公路土工试验规程[S].北京:人民交通出版社,2007.
[2] 中华人民共和国行业标准.JTG F40—2004 公路沥青路面施工技术规范[S].北京:人民交通出版社,2004.
[3] 高英.路面施工质量管理中的计算机应用技术研究[D].西安:长安大学,2006.
[4] 宋金华,等.高等级道路施工技术与管理[M].北京:中国建材工业出版社,2005.
[5] 中华人民共和国行业标准.JTG/T F20—2015 公路路面基层施工技术细则[S].北京:人民交通出版社股份有限公司,2015.
[6] 中华人民共和国行业标准.JTG/T F30—2014 公路水泥混凝土路面施工技术细则[S].北京:人民交通出版社股份有限公司,2014.
[7] 中华人民共和国行业标准.JTG D40—2011 公路水泥混凝土路面设计规范[S].北京:人民交通出版社,2011.
[8] 中华人民共和国行业标准.JTG B01—2014 公路工程技术标准[S].北京:人民交通出版社股份有限公司,2014.
[9] 中华人民共和国行业标准.JTG F80/1—2017 公路工程质量检验评定标准 第一册 土建工程[S].北京:人民交通出版社股份有限公司,2018.
[10] 中华人民共和国行业标准.JTG H20—2007 公路技术状况评定标准[S].北京:人民交通出版社,2007.
[11] 沈艳东.公路计算机辅助技术[M].北京:人民交通出版社,2010.
[12] 前沿文化.别说你懂Excel:500招玩转Excel表格与数据处理[M].北京:科学出版社,2013.